SHODENSHA
SHINSHO

カルトブランディング

——顧客を熱狂させる技法

田中森士

祥伝社新書

JN042475

はじめに

北米には、カルト的な人気を誇り、熱狂的な〝信者〟を抱える「カルトブランド」という概念が存在する。そして、カルトブランドを目指すブランディング手法を「カルトブランディング」と呼ぶ。本書は、カルトブランディングの考え方や手法、事例を紹介するものである。

カルトブランディングにおいては、何より信者の獲得に重点が置かれる。ひとたび信者になれば、目に見える様々な方法で自身とブランドとの関わりを示す。つまり、「伝道師」としての役割を自ら進んで担うようになる。

マーケティング業界において「口コミ」の重要性は、様々な書籍において語られている。カルトブランドの周辺においても、当然口コミが発生するわけだが、それに「熱狂」「熱意」といった要素が加わる。また、信者間にはある種の「同胞意識」「秘密結社的な意識」が生まれるケースも多い。熱狂や同胞意識といった単語からは、カルトブランドが持つ「コミュニティー」の存在が透《す》けて見える。

カルトブランディングにおいてコミュニティー構築は極めて重要な部分であり、カルトブランドはしばしば意図的にコミュニティーを生み出す。自然発生的にコミュニティーが生まれることもあり、その場合はコミュニティーを全面的に支援する。

詳しくは後述するが、こうしたコミュニティー内で信者らは「非合理的な行動」を起こす。その行動はカルトブランドのビジネスを一気に加速させる。この過程は、カルト宗教の組織拡大のそれと酷似している。

カルトブランディングは、その名の通り「カルト宗教」からヒントを得ている。事実、成功しているブランドとカルト宗教には、共通項が多い。カルト宗教の信者獲得の手法の中から、ブランディングに応用できるものを抽出し、体系化したものがカルトブランディングといえる。

なぜ今、カルトブランディングに注目すべきなのか。

一つは、既存のブランディング手法に限界が訪れているからである。そもそもブランディングとは、ステークホルダーからの認知や信頼を獲得し、ブランドの価値を高めようとするものだ。その手段の一つに、広告の活用が挙げられる。しかし、ウェブを含めると媒体数は今や天文学的な数となり、広告の効率は大きく低下した。ウェブ広告をブロックするアプリやブラウザ拡張機能が登場し、そもそも広告が消費者に届かないという環境も生まれている。可処分時間の奪い合いは激しくなる一方で、広告は「ノイズ」、つまり消費者から無視される存在となりつつあるのだ。

時代はブランド自らがコンテンツを発信する方向へと動いている。オウンドメディア（自社メディア）やSNSなど、広告以外にもコンテンツを発信できる場は増えている。そして、カルトブランドの多くは、カルトブランディングの手法を取り入れた「主体的な情報発信」によって、コミュニティー構築および信者獲得に成功している。

もう一つは、新型コロナウイルスの感染拡大に伴う環境変化だ。コロナ禍《か》では多くのビジネスが停滞している。BtoCビジネスでも、需要が蒸発したケースは枚挙《まいきょ》にいとまがない。こうした非常時においては、エッセンシャルな業種が強いとされている。しかし、筆者は例外も存在すると考える。

例えば、歴史ある巨大グローバルブランドであっても、信者を抱えているケースは多い。戦争や恐慌を乗り越えてきたケースも、カルトブランドにおいてはよく見られるのである。非常時には消費者のライフスタイルやマインドが大きく変化する。嗜好品《しこうひん》や外食といった産業は、現在厳しい局面にある企業も多いだろう。しかし、信者ともなれば、非常時においても「ブランドとともに生きていきたい」と考える。

デジタルトランスフォーメーション（DX）の進展や社会の断絶など、2020年代は激変が予想される。過去の歴史を振り返ると、カルト的な人気を誇るブランドは、信者らの強固な結束に支えられて環境変化を乗り切ってきた。

ブランドに必要なのは信者の獲得だ。今こそ、信者獲得を目指すカルトブランディングにスポットライトを当てる時だ。

本書の構成は以下の通りである。

序章では、カナダで開催されたカンファレンスでの体験などを踏まえ、筆者がカルトブランディング研究に踏み出したきっかけや、研究をどのように進めていったのかについて述べる。

第1章では、カルトブランディングとはそもそも何なのか、カルトブランディングの基礎について解説する。

第2章では、なぜ今カルトブランディングが必要なのかを、パンデミックの状況なども踏まえて考察する。

第3章では、カルトブランディングのキーワードを一つひとつ解説する。第1～3章を読めば、カルトブランディングの特性について理解できる設計となっている。

第4章は、カルトブランディングのプロセスについて解説する。ブランディングは、業界や企業規模によって細かい戦術が異なるが、共通する流れをシンプルにまとめた。

第5章では、カルトブランドの事例を紹介する。取材も交えつつ、国内外の事例をバランスよく取り入れた。

終章は、これから取り組む方へ向けて、成功へのヒントをまとめた。取り組む際に心がけるべきことなど、ブランディングの普遍的な内容ともなっている。

「カルト」という単語の印象が強すぎて、あやしい手法ではないかといぶかしがる方もいらっしゃるかもしれない。しかし、カルトブランディングはブランドの文化、そして顧客をとことん大切にするという、ブランディングの原理原則を忠実に守るものだ。ブランディングに関わるすべての人に、本書の内容を役立てていただければ幸いである。

2021年3月

田中森士

はじめに

目次

第2章　今カルトブランディングが必要な理由

第3章 実践のためのキーワード

第4章 カルトブランドをつくるプロセス

第5章 先端ブランドのケーススタディー

終章 成功のためのヒント

図版製作　アルファヴィル・デザイン
※肩書、年齢はすべて取材もしくは執筆時のもの。
※但し書きのない写真はすべて筆者撮影。
※参考文献からの引用箇所は原文通りに記載。

序章

カルトブランディングとの出会い

カルトブランディングは北米で生まれたとされる概念だ。カルトブランディング研究の本場も北米であり、毎年カナダでは1000人以上が参加するカンファレンスが開かれている。現地で参加した筆者は、カルトブランディングの魅力にのめり込んでいった。

▼白銀の世界は静けさに包まれていた

時刻は午後9時を回っており、道行く人も少ない。事前の情報で、この時期の最低気温が零下10度を下回ることも珍しくないとは知っていた。

日本のアウトドアブランド「モンベル」のネックウォーマーとインナー、ダウンジャケット、さらにその上から「ザ・ノース・フェイス」のフード付きフリースジャケットを着用しており、ある程度寒さは防げている。しかし、それでも顔面の露出した部分がひりひり痛む。前週に滞在していたインドネシア・ジャカルタの最高気温は30度。40度超と推定される気温差に、体がついていかない。寒気から逃げるように、オンラインで予約済みのホテルに駆け込んだ。

2020年2月、筆者の体はカナディアン・ロッキー観光の拠点として知られる町、カナダのアルバータ州バンフにあった。目的はカルトブランディングのカンファレンス「ザ・ギャザリング」への参加だ。

東京・成田から空路でブリティッシュコロンビア州バンクーバーを経由して、アルバータ州カルガリーへ。空港発着のバンに乗り換え、バンフへと入った。

カナディアン・ロッキー観光のオンシーズンは夏。冬になると雪が降り積もり、スキー客以外はあまり観光客を目にしない。本音を言うと、「なぜこんな時期に開催するのか」という思いがしないでもなかった。他方、北米を中心としたブランディング担当者ら1000人以上が極寒の地に会すという事実は、非常に興味深い。

一体、なぜこのカンファレンスに人が集まるのか。その吸引力の秘密はどこにあるのか。かすかな興奮を覚えつつ、この日は暖かいホテルの部屋で休んだ。

ザ・ギャザリングを知ったのは、2019年12月のことだった。

筆者は「コンテンツマーケティング」というマーケティング手法を専門とする。コンテンツマーケティングとは、適切な人に、適切なタイミングで、適切なコンテンツを届けることで、顧客の購買行動などを促す戦略的マーケティングアプローチである。

マーケティングやコンテンツマーケティングの先進地は米国であり、勉強のために毎年、海外カンファレンスに2～3回参加するようにしている。2020年はどれに参加しようか。そうした思いから、開催予定の海外カンファレンスをまとめたウェブサイトで、連日物色していた。

この年は「コンテンツマーケティング」と「マーケティングテクノロジー」関連のカンファレンスが外せないと考えた。カンファレンスのタイトルは、一目で内容が理解できるものが大半である。例えば、コンテンツマーケティングのカンファレンスは「コンテンツマーケティングワールド」、マーケティングテクノロジーのカンファレンスは「マーテック」といった具合である。

そんな中にあって、「ザ・ギャザリング」というタイトルがかえって目を引いた。訳すると「集まり」となろうか。何のカンファレンスなのか、さっぱり分からない。

カンファレンスのウェブサイトを訪問してみてようやく、カルトブランディングがテーマだと知った。たまには少し別の切り口のカンファレンスに参加してもいいかな。そう思い、軽い気持ちで渡航を計画した。

▼「カルト的な地位」を確立しているブランド

バンフに到着した翌朝、会場の「バンフ・スプリングス・ホテル」へと向かった。

欧州の古城を彷彿とさせる外観で、国定史跡というのもうなずける。迷路のようなホテル内を案内看板に従って歩き、受付エリアに到着。すると「ようこそ」と、白人男性が出迎えてくれた。事前に連絡を取り合っていた、ザ・ギャザリングのメディア担当ディレクターであるジェイソン・キナー氏だ。固い握手を交わし、早速カンファレンスの概要など

展望台からカナディアン・ロッキーを望む。バンフはカナディアン・ロッキー観光の拠点として知られる町だ

についてレクチャーを受ける。

２０１４年から開かれており、今回で7回目を迎えるザ・ギャザリング。

キナー氏によると、会期中の３日間で40人以上のスピーカーが登壇し、世界中から１２００人以上が参加するという。カンファレンスでは毎回、「カルト的な地位」を確立しているブランドを表彰しており、今回もいくつかのブランドがリストアップされているとのことだ。

過去の受賞ブランドが、会場内にプロダクトとともに展示されていた。「リーバイス」「バンズ」「ディズニー・チャンネル」「ＵＦＣ」——。

グローバルにカルト的な人気を誇るブラン

ドばかりだ。日本関連のブランドはないかと探してみると、「任天堂」や「プレイステーション」の展示を見つけた。

キナー氏は、「我々はアジアにも目を向けており、近いうちにカルトブランドに該当するブランドを表彰したいと考えている」と述べ、カルトブランドは北米だけでなく世界中に存在することを強調した。

▼カルト宗教にヒントを得たカルトブランディング

会期中、今回の受賞ブランドが発表された。音楽ストリーミングの「スポティファイ」、「コカ・コーラ」、スポーツ用品の「アンダーアーマー」、スナック菓子の「ドリトス」といった、日本でも認知されているブランドが並ぶ。

キーノート（基調講演に相当）は、カルトブランディングの考え方について解説がなされた。通常のセッションでは、受賞したブランドのブランディングもしくはマーケティング担当者らが、自社のノウハウを共有。これらとは別に、予約制の少人数による質疑応答セッションもあった。

登壇者らは、ブランディングのノウハウを惜しげもなく共有した。その多くは、ブランディングの原理原則を忠実に守るものである。カンファレンスに参加する前は「カルト」が持つ響きにつられて、「何か危ないことをやっているのではないか」と考えていた。しかし、その懸念は杞憂《きゆう》に終わった。

近年、欧米のマーケティング業界では「倫理観」の重要性が叫ばれている。そして、カルトブランディングも、決して倫理観をおざなりにしているわけではない。むしろ倫理観を守ることは、カルトブランディングに取り組む上での絶対的な条件だと感じた。

他方、カンファレンスでは、カルト宗教に関する研究も共有された。「象徴主義」「神話」「コミットメント」「誘惑」といったカルト宗教のキーワードがスクリーンに表示されていく。

詳しくは後述するが、カルトブランディングはその名の通り、「カルト宗教」からヒントを得ている。カルト宗教の信者が持つ「極めて高い忠誠心」の秘密はどこにあるのか。この観点で、カルト宗教の学術研究や書籍から、ブランディングに使えるノウハウやメソッドを抽出して生まれたとされる。

カルト宗教と熱狂的な信者を持つブランドには、多くの共通点がある――。カンファレンスで知らされたこの事実に、筆者は強い興味を抱いた。帰国してからカルトブランディングの研究を進めてみよう。紫の照明に包まれたカンファレンスのパーティー会場で、ＤＪのかけるテクノミュージックに体を揺らす参加者らを眺めつつ、そう誓った。

▼帰国後すぐさま研究に着手した

帰国後、すぐさま関係する書籍を読み込んだ。といっても、カルトブランディング関連の書籍は、英語で出版されているもので数冊。邦訳されたものは管見《かんけん》の限り1冊のみだった。

そのうちのある本には、英語でこう書かれていた。「カルトは正常なものである」。どういうことか。答えは、マインドコントロール関係の書籍を読み込んでいるうちに見つかった。搾取《さくしゅ》や洗脳を伴う「破壊的カルト」の存

カンファレンスの様子。背景のロゴが印象的だ

在を知ったのだ。

破壊的カルトは、マインドコントロールのテクニックを用いつつ、信者から様々なものを搾取する。しかし、カルトブランディングの場合、こうした手法を選択しない。倫理観が重要な要素として位置付けられているからである。カルトと破壊的カルトはきっちりと分けて考える必要があるのだ。

そもそも、ブランドとカルト宗教は似ている部分が大きい。この点はブランディングの分野でしばしば指摘されることでもある。

アイドルや映画など、「カルト的な人気」という表現が使われるケースは、世の中にあふれている。こうした用例のカルトは、ブランディングの文脈で語ってもそれほど違和感がない。

カンファレンスを思い返せば、「すべての宗教の始まりはカルト的である」との指摘があった。尖《とが》ったブランドにしても宗教にしても、始まりはカルト的であるわけだ。この共通点は、非常に興味をそそる。

カルトブランディングの参考文献が少ない以上、独自に研究を進める必要があると考えた。北米で生まれた概念であるため、手法などを日本向けに加工することも求められる。

カルトブランディングの書籍は2000年代前半に次々と出版されているが、当時と今とでは時代背景があまりにも異なる点も考慮が必要だ。

研究は、カルトや宗教に関する書籍を読み込みながら、ブランディングに応用できそうなキーワードや手法を探す形で進めた。

「これは」というキーワードについては、信者を抱えるブランドに当てはまるかを確認していった。北米で示されているカルトブランディングのキーワードについては、現在の日本で応用できるかを一つひとつ判断していった。

筆者の中で形になった新しい論については、日本国内のブランディングやマーケティングの専門家にぶつけ鍛錬していった。カルトブランドと思われる事例を収集し、カルトブランドに該当するかを検討。該当すると判断したブランドについては直接取材も試みた。

研究を進めるにつれて、カルトブランディング、カルトブランドこそが今の時代に求められていると気づいた。先行き不透明な時代であること。人々が「意味」を求めていること。詳しくは後述するが、理由は多くある。最終的には、カルトブランドこそが世の中を救うとすら考えるようになった。次章からは、いよいよカルトブランディングの全体像に迫っていきたい。

第1章

カルトブランディングとは何か？

カルト宗教にヒントを得ているカルトブランディング。ここではまず定義やカルト宗教との違いなどについて明らかにしたい。

▼カルトブランディングの定義

まず、カルトブランディングの定義を確認しておきたい。日本で出版された数少ないカルトブランディング関連本『カルトになれ！ 顧客を信者にする7つのルール』（マシュー・W・ラガス、ボリバー・J・ブエノ著、フォレスト出版）では、カルトブランディングを「企業、人間、場所、組織を、実際に『好きなブランドのためなら身を捧《ささ》げる信者』の集合体に変えるプロセスを指す」と定義している。

同書によると、ここで言う「信者」とは、「ブランドとの一体感を持ちつつ、目に見える様々な方法でブランドとの関わりを示す顧客」を意味するのだという。

つまり自発的に「伝道師」としての役割を担うということだ。信者になりえる存在として、人間だけでなく企業、場所、組織も含まれるのが興味深い。我々が「ブランディング」という単語を聞いた時、ＢｔｏＣ企業を思い浮かべがちだが、この定義を見るとＢｔｏＢ企業であってもカルトブランディングは可能なようだ。

「信者の集合体」とあるように、単体の人間や企業が信者となっただけでは、カルトブランドとは呼べない。信者が「集合体」として大きな存在となって初めて、カルトブランドが成立する。

例えば一般企業がブランディングに取り組む場合、当然利益に結びつけねばならない。ごく少数の信者を獲得しただけでは、ビジネス的に成り立たない。ある程度のサイズ感が必要なのは当然のことだ。

「目に見えるさまざまな方法でブランドとの関わりを示す」とは、オンライン・オフライン問わず、様々な場所でブランドとの関わりを示すということである。

例えばオンラインの場合、ツイッターやフェイスブック、インスタグラムといったSNSで、ブランドを使っていることを写真や文章とともにアピールしたり、ブランドへの愛を明かしたりといったことが考えられる。

オフラインの場合、単なる口コミを超えて、例えばいかに自身がブランドと関わりを持っているか、知人友人に直接かつ自発的に伝えることが考えられる。

▼カルトブランドの見分け方（1）

カルトブランディングだけでなく、カルトブランドの定義についても確認しておきたい。

カルトブランドについては、ダグラス・アトキン氏による『The Culting of Brands:

Turn Your Customers into True Believers』(Portfolio) で詳しく解説されている。
同書では、カルトブランドを「顧客のグループが大きな献身を示すブランドのこと」と定義。献身は排他的なものである必要があるとしている。顧客が同じカテゴリーの他ブランドに対しても献身を示している場合、いずれのブランドもカルトブランドとは呼べない。

カルトブランドへのプロセスをカルトブランディングと呼ぶため、「顧客のグループが大きな献身を示すブランドのこと」という定義は、当然のことながら『カルトになれ!』にあった「好きなブランドのためなら身を捧げる信者」と似通った表現となっている。ただし、『The Culting of Brands』ではもう一歩踏み込んで、カルトブランドの見分け方にまで言及している。同書によると、見分けるためのポイントは以下の2点だ。

・イデオロギーが革新的であること
・明確なコミュニティーを持っていること

つまり、普遍的だったり既視感があったりするイデオロギーを持つ場合、カルトブラン

図1　カルトブランドを見分けるためのポイント

ドには該当しない。また、明確なコミュニティーが形成されている必要があるため、外に開かれていない、アンダーグラウンドすぎるコミュニティーはカルトブランドとして認められない。

▼カルトブランドの見分け方（2）

カルトブランドの見分け方について、筆者が普段取り入れている方法についても共有しておきたい。それは、車のリアガラス（後方のガラス）などに貼られたステッカーを確認するというものだ。

『カルトになれ！』が、「信者」を「ブランドとの一体感を持ちつつ、目に見える様々な方法でブランドとの関わりを示す顧客」と定義していることはすでに述べた通りだ。「マイカーにブランドのステッカーを貼る」という行為は、まさに「ブランドとの関わり」を示しているといえる。

もしショッピングセンターの駐車場に車を停める機会があれば、店に入るまでの間、並んだ車のリアガラスを眺めてみるといい。最も多く目にするのは、車との親和性が高いアウトドアブランドのステッカーであろう。注意深く観察すると、他にもアパレルブランドや音楽バンド、中にはテレビ番組のステッカーを貼っているケースにも出くわす。

これらのうち、業界やカテゴリーを支配しているものはカルトブランドである可能性が高い。また、カルトブランドでないにしても、「カルト的（カルトライク）」と呼べるものが大半であろう。

一度貼ったステッカーをはがすのは、一定の労力が伴う。また、ステッカーを購入する場合、多少の費用もかかる。これらの「コスト」を払ってでも、わざわざ車に貼るのである。その時点で「信者」となっている可能性は高い。

▼コミュニティーマーケティングとの関係性

明確なコミュニティーが求められるという意味で、カルトブランディングは近年注目を集めるコミュニティーマーケティングと非常によく似ている。

しかし、詳しくは後述するが、カルトブランディングはより極端なメソッドといえる。革新的なイデオロギーが必要なことからも、このことが分かる。

とはいえ、両者には共通点も多い。事実、アトキン氏も『The Culting of Brands』の中で、コミュニティーマーケティングの視点で「あなたのブランドに参加しているグループを『サポート』『育成』『傾聴』する能力が必要だ」と述べている。ただし、アトキン氏はこうも続ける。「ブランドマネージャーではなく、神父たれ」と。

一般的に神父は、信者らに道を示したり教えを説いたりする役割を担う。ブランドは顧客に対し、革新的な「価値観と世界観」を神父的な立場で伝え続けることが求められる。その意味では、やはりカルトブランディングとコミュニティーマーケティングはやや異なる概念といえよう。

▼「非合理的」な忠誠心

ザ・ギャザリングのメディア担当ディレクターであるジェイソン・キナー氏は、カルトブランディングについてこう補足する。

「世界中の消費者や顧客の非合理的な忠誠心や献身を勝ち取ることで、業界やカテゴリーを支配する。これこそがカルトブランディングの本質だ」

ブランドとの関わりを自らアピールしてくれる、つまりブランドが求めていないのに「伝道師」としての役割を顧客が担う状態は、一見、経済的合理性に乏《とぼ》しいように見える。一体、なぜ伝道師を買って出てくれるのだろうか。

動機としてまず考えられるのが、周囲に自慢して優越感を感じたいケースだ。SNSで「いいね！」を押してもらい承認欲求を満たしたい（自分の見る目が確かなことを認めてもらいたい）ケースもあるだろう。いずれのケースもブランドに「陶酔」「熱狂」している状態なのだが、本人がこのことに気づいていないことも多い。カルトブランディングでは、こうした状態を意図的につくりだす。すなわち、信者の一人ひとりがメディアやPRパーソンとしての役割を果たす状態だ。

クラフト、アメリカン・エキスプレス、日本コカ・コーラ副社長などを経てIBAカンパニーを創業し、米国の小売・流通業界に精通する射場《いば》瞬《ひとみ》氏は、ブランドを拡大させる上で熱い思いを持ったファンを獲得、維持することが重要であると考える。

射場氏によると、ブランドが熱いファンを多く抱えると、そのファン自体がブランドに関して積極的に発信するようになることがある。いわばファンの「メディア化」であり、それによりブランドが大きく育っていく例が米国で見られるという。

射場氏はその事例として、米コスメブランド「グロッシアー」と米セレクトショップ「ストーリー」を挙げる。最近コンセプトストアもオープンしたグロッシアーは、オンラインのみで成長。現在約1300億円の評価がつくブランドとなっている。ストーリーは、期間限定で、特定のテーマに合わせて店内で取り扱う商品を変える手法で成長したセレクトショップだ。雑誌のようなワクワク感を提供する店づくりは多くのファンの獲得に貢献。米百貨店大手メイシーズが2018年に買収するに至っている。

これら二つは、いずれも熱狂的なファンを抱えるブランドである。ファンがメディアとなり、評判を広げてくれる。結果、ブランドの価値が高まっていく。カルトブランディングにも通じる現象といえよう。

▼業界やカテゴリーを支配する

前述の「業界やカテゴリーを支配する」という部分からすれば、伝道師のボリュームもやはり重要といえる。先述の通り、熱狂的なファンが一人いても、それはカルトブランドとは呼べない。業界やカテゴリーを支配できているかどうかが、カルトブランドの基準の一つといえる。

車に貼られたステッカーを確認するという判別方法を紹介した。非常に分かりやすい方法だが、もしそれが世間的には知られていないブランドであれば、たとえステッカーが貼ってあったとしても、カルトブランドとは呼べない。業界やカテゴリーを支配している必要がある点を忘れてはならない。

そのブランドが本当にカルトブランドであるならば、あなたがその業界やカテゴリーについてあまり明るくないにしても、少なくとも名前くらいは聞いたことがあるはずだ。

また、カルトブランドには特徴的な点があ

図2　カルト宗教とカルトブランドの共通項

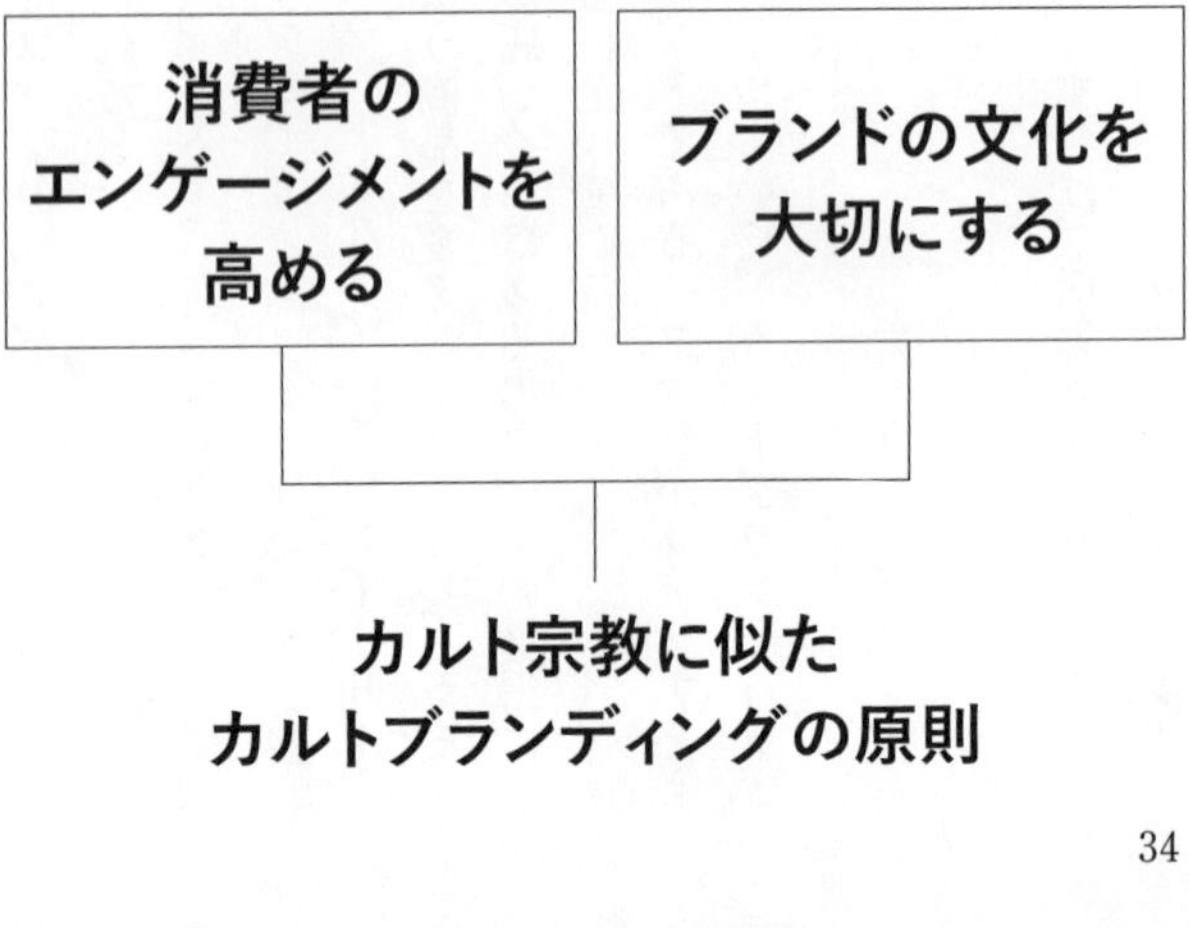

る。これについてキナー氏は筆者の取材にこう語る。

「カルトブランドは広告よりもエンゲージメントを重視し、外部のオーディエンスと同様に内部の文化を重視している。すなわち、よくある広告依存型のマーケティング手法を、組織化されたカルト宗教に似た原則に置き換えているのだ」

キナー氏によると、組織化されたカルト宗教は、信者のエンゲージメント（≒愛着）を重視すると同時に、内部の文化を大切にしているのだという。カルト的な人気を誇るカルトブランドはもれなく、エンゲージメントと文化を突き詰めている。

▼カルトとは

弁護士の紀藤正樹《きとうまさき》氏の著書『決定版マインド・コントロール』（アスコム）によると、カルトは「耕すこと」や「世話」を意味するラテン語「cultus」に由来するという。

また、かつては「なんらかの体系化された礼拝儀式」を指したといい、文化などを意味する「カルチャー」と同じ語源なのだそうだ。文化を大切にすることはカルトブランディングの一丁目一番地であり、カルトとカルチャーの語源が同じというのは、非常に納得感がある。

「カルト」という単語が使用される際、人々の頭の中には「カルト宗教」が思い浮かぶ。しかし、必ずしもカルトがカルト宗教を指すわけではない。

『広辞苑』（第七版）は「カルト」を「①崇拝。②狂信的な崇拝。『―集団』③少数の人々の熱狂的支持」と説明している。少数の人々が何かを「崇拝」していれば、組織に宗教性がなくともカルトと呼んで差し支えないことが分かる。

また『広辞苑』では、カルトの用例について「カルト映画」を挙げており、「一部の愛好者が熱狂的に支持する映画。多く、あくの強い個性的な映画」と説明している。

この説明はカルトブランドの特徴と近い。これらを鑑《かんが》みると、「カルト=悪」ということにはならないようだ。

カルトという単語は、今では使用場面が広がっている。アイドルグループやバンドにおいても、「カルト的人気を誇る」という表現が当たり前のように使われている。

▼カルトがカルトでなくなる時

紀藤氏が指摘している通り、どのような宗教でも当初は「カルト的」な性格を持つ（『The Culting of Brands』でも同様の指摘がなされている）。その後、信者が増えるにつれて宗教は社会と融合し、カルト性が失われていく。

ブランドでも同じことがいえる。

ブランドが成長するにつれて信者が「昔はよかったのに」と感じ、離れていくことが起こり得るのだ。特にブランドの人気に火がついて急拡大した場合、慎重になる必要がある。文化が失われ、顧客のエンゲージメントが下がるリスクが生まれるからだ。とはいえ、『広辞苑』でわざわざ「少数の人々の熱狂的支持」と、「少数」を強調する解説がなされていることからも、カルトと集団のサイズ感は切り離すことはできない。

ブランドがいよいよカルトブランドへと成長しようとする時、カルト性を維持しつつ規模を拡大していくことが求められる。これは悩ましい問題なのである。

カルト性の消失を防ぐには、（1）企業のサイズをある程度一定に保つ、（2）ブランドとして新規事業の立ち上げを控える、（3）新商品の開発を控える（フラッグシップに注力する）、（4）コミュニティーのサポートに力を入れる、（5）文化を守る——といったことが必要となる。

ただし、例えばブランドが投資を受けた場合、資本主義経済においては成長が求められてしまう。（1）～（5）はハードルが高いかもしれない。しかし、北米のいくつものカルトブランドが、規模の拡大とカルト的地位の維持を両立させており、不可能ではないといえよう。

▼破壊的カルト

カルトブランディングの研究者の中には、カルトを「当たり前の存在」「普通の存在」などと評する者もいる。犯罪に手を染めるカルト集団が存在する以上、なかなか理解しがたい考え方だ。しかし、北米のカルト研究者らは、先述の通り「カルト」と「破壊的カルト」を明確に区別する。

スティーヴン・ハッサン著『マインド・コントロールの恐怖』（恒友出版）は、破壊的カルトについて、非倫理的なマインドコントロールのテクニックを悪用して、そのメンバーの諸権利を侵し傷つけるグループと定義している。「諸権利を侵し傷つける」とは、搾取にほかならない。つまり、マインドコントロールのテクニックを悪用して信者から搾取する団体は、すべて破壊的カルトといえよう。

また、同書は破壊的カルトのタイプを紹介しており、主に「宗教カルト」「政治カルト」「心理療法・教育カルト（自己開発セミナーなど）」「商業カルト（ねずみ講式の販売組織など)」の4つに分類できるとしている。我々が日ごろ事件報道で目にするカルト集団は、確かにいずれかに該当する。

アフリカを主に取材するフリージャーナリストの下村靖樹《しもむらやすき》氏は、かつてウガンダのあるカルト宗教と、そこから派生した反政府組織を取材した経験を持つ。

そのカルト宗教は「マインドコントロールは行なわれておらず、どちらかといえば平和的な集団であった」と下村氏は振り返る。

しかし、そのカルト宗教から派生した反政府組織については、「破壊的カルトの要素があった」と証言する。同じ民族の村を襲い、誘拐や財産の強奪などを日常的に行ない、恐怖で人を支配していたという。

下村氏によると、アフリカには破壊的カルトが多く存在するという。下村氏は「私たちには理解できない世界」とする一方で、「一般の人が破壊的カルトに関わることで、自らもメンバーとなってしまうリスクは、日本も含め世界中どこにでもあると取材を通して感じた」としている。破壊的カルトの罠《わな》は、平和に見える日本にも存在するのである。

▼搾取と洗脳とオンラインサロン

カルトブランディングにおいては、もちろん破壊的カルトを批判的に見る。カルトブランディングは、搾取、洗脳、マインドコントロールといった単語とは、対極に位置するものだ。

少しでも搾取や洗脳といった要素がブランドに含まれた時（時々目にするのがやりきれないが）、それはカルトブランドとは呼べない。それは単なる破壊的カルトだ。カルトブランドと信者はあくまで対等な関係性にあり、お互いに高い倫理観が求められる。

よく、「オンラインサロンはカルトブランドなのか」という質問を受ける。これに対する筆者の答えは「該当しないケースが多い」である。

ブランドやビジネスの世界においては、金銭や労働力が搾取の対象となる。価値基準は人それぞれなので、搾取の厳密な線引きは難しい。

しかしながら、オンラインサロンは内容や金額によっては、搾取の可能性がある。また、カルトブランドは業界やカテゴリーを支配していることが求められるため、一般的なオンラインサロンの規模では、そもそもこれに該当しない可能性が高い。

なお、固有名詞は避けるが、消費者や顧客からどんどんお金を吸い上げるオンラインサロンも中には存在する。これは搾取にほかならず、破壊的カルトといえる。オンラインサロンは基本的にクローズドな空間である。外との境界線を引き、情報をコントロールする。これはマインドコントロールが成立しやすい環境といえる。カルトブランドのコミュニティーは外に開かれたものでなければならない。

搾取という単語からは「金銭の搾取」が連想されるが、実は他にも搾取の対象は存在する。例えば「時間」である。SNSやオンラインゲームの中には、コアなユーザーを抱えているものも多い。これはカルトブランドであり、ユーザーは信者なのだろうか。いや、そうではない。なぜならユーザーは時間を搾取されているからである。

アダム・オルター著『僕らはそれに抵抗できない「依存症ビジネス」のつくられかた』(ダイヤモンド社)には、スマートフォンの使用時間を計測するアプリの開発者が登場する。この開発者によると、ユーザーがスマートフォンのスクリーンを眺めている時間は、一日平均3時間弱で、手に取る回数は平均39回だという。

スウェーデンの精神科医であるアンデシュ・ハンセンは自身の著書で、ユーザーがSNSに費やす時間がSNS運営企業の広告収入につながっている点を指摘。その上で、「彼ら(筆者注・SNS運営企業)の目的は、私たちからできるだけたくさんの時間を奪うこと」であると強調している。

また、最大限の依存性を実現するため、SNS運営企業の多くが行動科学や脳科学の専門家を雇っているという。ハンセンは「金儲けという意味で言えば、私たちの脳のハッキングに成功したのは間違いない」と皮肉を込めて述べている（アンデシュ・ハンセン『スマホ脳』新潮新書）。

カルトブランドの信者は、ブランドに依存しているものの、時間を搾取されているわけではない。また、自ら望んで「自己実現のため」に信者となっている点も重要だ。

オルターは、『僕らはそれに抵抗できない』の中で心理学者らのある論文を紹介している。論文は、情熱という概念を「調和性の情熱」と「強迫性の情熱」に二元化している。

調和性の情熱は、本人が自由に選んで活動する情熱であり、生活やその他と調和するという。一方、強迫性の情熱は、楽しむことだけにとどまらず、強い切迫感に駆られ、過度にのめり込んでしまう。

逆説的だが、依存対象を欲しがる依存症患者の多くは、依存対象を全《まつた》く好きではないことも同書は指摘している。ひとたび依存症となってしまえば、抜け出すことがいかに難しいかを物語る。

カルトブランドは「調和性の情熱」を生み出すものである。一方、何かを搾取するビジネスというものは、しばしば「強迫性の情熱」を喚起し、利用する。そうすることで、依存症となる人たちが生まれてしまう。「好きでもない」対象に依存する人が続出するのである。「依存症ビジネス」が搾取するための、恐ろしいスキームといえる。

誘惑が多い現代においては、個々人が注意しておかなければ、いつの間にかビジネスに搾取されているということが起きてしまう。こうした要素が少しでも入った時点で、それはカルトブランドとは呼べない。搾取とは対極に位置するものなのだ。

ここで強調しておきたいのが、依存症と依存は異なるという点である。依存は、ポジティブに作用することも多い。

東京大学先端科学技術研究センター准教授の熊谷晋一郎《くまがやしんいちろう》氏は、依存先を増やしていくことこそが自立であると指摘している（全国大学生活協同組合連合会　大学生協の保障制度より）。依存症になるのではなく、カルトブランドに依存することは、自分らしくあるための行為であり、自立に近づくことでもあるのだ。

▼ブランドとは

本書は、カルトブランディングという、カルト的な人気を誇るブランドを確立するためのブランディング手法を明らかにするものである。そもそもブランドとは何なのかについても、確認しておく必要があろう。実はブランドの定義は様々で、統一されたものはない。ここでは、いくつかの定義を紹介しておきたい。

経営学者デービッド・アーカーは、『ブランド論 無形の差別化をつくる20の基本原則』(ダイヤモンド社)の中で、ブランドとは「組織から顧客への約束である」と説いている。ここで言う約束とは、「ブランドが表すものが、機能面だけでなく、情緒面や自己表現、人間関係においても役立つという約束」であるとしている。約束を守り続けることで信頼が得られ、ブランドをより強固なものとする。

またアーカーは、ブランドについて「顧客がそのブランドに触れるたびに生まれる感触や体験をもとにして、次々に積み重なり変化していく顧客との関係」とも説明する。「変化していく」とあるように、ブランドはある種の不安定さを持っているのである。

近年、企業の隠蔽や嘘《うそ》が明るみに出て、ブランドが地に落ちるという事例は枚挙にいとまがない。鴨長明《かものちょうめい》が『方丈記《ほうじょうき》』で「ゆく河の流れは絶えずして、しかももとの水にあらず」と表現したように、あらゆるものは常に変化しており、一時として同じ状態にはならない。ブランドを形成する上では、常に顧客から信頼される行動を続けるしかないといえよう。

中央大学大学院の田中洋《たなかひろし》教授は『ブランド戦略論』（有斐閣）の中で、ブランドを「交換の対象としての商品・企業・組織に関して顧客がもちうる認知システムとその知識」と定義づけしている。

ここで言う認知システムとは、「ブランドに関する情報が人間の頭の中で運用されるとき、特定の規則に従う」との意味だという。購買行動につながるのは「おいしかった」「品質が高かった」といった、消費者の過去の経験から来る好意的なイメージであり、信頼の積み重ねがものをいう。信頼できる、安心感のあるブランドとして認知されていれば、その時点でブランドとして成立している。

なお、田中氏は別の次元でのブランドも存在するとし、その一つに、企業の知的財産としての商標を挙げている。さらに、記号としての次元もあるとし、メルセデス・ベンツを引き合いに説明している。

メルセデス・ベンツはドイツの車ブランドを指すわけだが、時に「高価で社会的に成功した人しか乗れないクルマ」を指す場合もある、ということだ。

なお、カルトブランディングの文脈では、この中で認知システムが最も重要といえる。イデオロギーやストーリーを通してどういったイメージを与えるかが、カルトブランディングの肝《きも》の部分だからだ。

『ブランド戦略シナリオ　コンテクスト・ブランディング』（阿久津聡・石田茂著、ダイヤモンド社）は、ブランドに関する知識が文脈として人々の心の中に蓄積されると、ブランドは商品価値を増減させる固有の価値を持つようになると指摘している。

そこから、ブランドとは「文脈を蓄える器」であると導き出した上で、ブランドに豊かで効果的な文脈を持たせることでその価値を高めることができると強調する。

ブランドは基本的に無形であるため、定義も様々である。しかしこれらを読み込むと、信頼の積み重ねがブランドとしての認知をもたらし、企業やプロダクトの価値を高めるということが分かる。

尖った存在であるカルトブランドだが、絶対に裏切らないという信頼感を獲得できている。この点において、確立した一般ブランドとの違いは存在しないといえよう。

▼一般的なブランディングとの違い

カルトブランディングと一般的なブランディングは、本質的には同じものだ。

ブランディングとは、マーケティング戦略の中に位置付けられることが多い概念である。何かしらの手段によって消費者などステークホルダーからの認知や信頼を獲得し、ブランドの価値を高めていくものだ。この意味で、カルトブランディングとの明確な違いは存在しない。

キナー氏は、筆者の取材に対しこう語る。

「消費者のエンゲージメントを高め、ブランドの文化を大切にする。このように、古いマーケティング手法ではなく、組織化されたカルト宗教に似た原則を守るブランドは成功している」

つまり、思想や目的は同じカルトブランディングと一般的なブランディングだが、カルト宗教からヒントを得たアプローチ方法を取り入れたものが、カルトブランディングであるといえる。

ただし、ブランディングの理論を少しかじれば分かるように、エンゲージメントを高め、ブランドの文化を大切にすることは、一般的なブランディングでも語られることがある。やはり、両者は「本質的」には同じものといえる。

両者の違いを明確にするためには、カルトブランディングならではのアプローチを研究する必要がある。詳しくは後述するが、例えばカルトブランディングには「敵を設定する」といったアプローチもあり、時に競合他社や特定のコミュニティーを刺激するケースもある。

また、カルト的に人気を獲得するためには、大きな「違い」を打ち出す必要がある。いくらか違う、という程度ではなく、極端に尖ったコンセプトが求められる。

まとめると、本質的には同じカルトブランディングと一般的なブランディングであるが、手法やアプローチなどにおいて、いくつもの違いが見られるということだ。こうした手法やアプローチは、カルト宗教を参考としている。この点において、新しい視点を提供している。

▼マーケティングとブランディングの位置付け

マーケティングとブランディングの位置付けについても確認しておきたい。

マーケティングの定義も様々であるが、筆者は「誰にどうやって売るか」を考えることこそマーケティングの本質であると捉えている。「誰に」の部分は、架空のターゲットの人物像である「ペルソナ」を設定することで解像度を上げていく。「どうやって売るか」の部分は、カスタマージャーニーマップと呼ばれる戦略図を描いて具体化していく。

ブランディングができていなければ、マーケティングの効率は著《いちじる》しく低下する。時間的、金銭的コストが増加するのだ。したがって、マーケティングとブランディングはセットで考える必要がある。車の両輪、もしくはマーケティングの土台がブランディングと考えれば理解しやすい。

ブランドとしての認知が得られていなければ、どうしても「広告依存型」もしくは「刈《か》り取り型」のマーケティング施策が中心となってしまう。その場合、ブランドと消費者は一度きりの関係となりがちで、信者化は望めない。一方、ブランディングがうまくいっていれば、マーケティングへの投資効果を最大化できる。

マーケティングは、比較的短期間で戦略を立てることが多い。毎年、もしくは2～3年に一度は戦略を見直す機会があるはずだ。一方、ブランディングは、腰を据えて取り組むものである。毎年のようにブランディング戦略を変えていては、ブランド認知は高まらない。信者の獲得など夢のまた夢である。この点も、両者の違いといえよう。

共通するのは、最終的にプロダクトやサービスを販売することがゴールだという点である。また、どちらも一度うまくいったら終わりというものではなく、PDCA（Plan・Do・Check・Action）を回し続ける必要がある点でも同じである。マーケティングもブランディングも、終わりはないのだ。

▼BtoB企業のブランディングにも成功事例

ブランディングと聞くと、BtoCビジネスが連想される。ましてや信者を抱えるカルトブランディングともなれば、なおさらBtoBとは無縁の存在のようにも思える。しかしながら、世の中には信者を抱えるBtoB企業が存在する。

例えば、米国のセールスフォース・ドットコムやハブスポットといった企業は、ブランディングに成功しており、かつ信者を抱えている。それぞれ「ドリームフォース」「インバウンド」という年次のカンファレンス（またはユーザー会）を主催しており、何万もの人が世界中から集まっている。

BtoBの場合（BtoCもそうだが）、愛社精神の醸成がカギを握る。筆者はこれまで、海外のハブ空港において、従業員と思われる人物がセールスフォースのロゴが入ったバックパックを背負った光景を、何度も目にしてきた。いずれも、ブランドと自らの関わりを示しているわけだ。

ブランドの文化を大切にすることで、従業員は愛社精神を持つ。また、顧客のエンゲージメントを高めることで、顧客はその企業から離れられなくなる。引っ張りだこのBtoB企業は、必ずといっていいほど文化とエンゲージメントを意識して仕事をしている。こうした企業は、カルトブランドとして成立しうるのである。

▼Z世代にカルトブランディングは有効か

一般的に、若い世代は物欲がないとされる。Z世代（1990年代後半以降生まれ。諸説あり）がカルトブランドの信者になることはありえないのだろうか。

若者は「意味」を求める。所有欲を満たす「モノ消費」ではなく、体験の対価を支払う「コト消費」に魅力を感じる人たちが増えた。若者はもう一歩進んで、何かを買う際にも何らかの「意味」を求める。お金を支払うことによって社会がこう変わる。何かに貢献できる。このような意味がプロダクトやサービスに付与された時、若者は顧客となってくれる。

米PR会社「コーン・コミュニケーションズ」の調査によると、Z世代の94%が「企業は社会問題や環境問題に取り組むべき」と考えているという。カルトブランドは社会課題の解決をミッションに据えるなど、何らかの(革新的な)イデオロギーを持っているケースが多い。したがって、Z世代に共感してもらえる可能性は高い。

Z世代はこのほかにも特徴的な価値観を持っている。ミレニアル世代(2000年代に成人もしくは社会人となった世代)は「共感したい」という価値観を持つとされる。一方Z世代は、「協調したい」と考える(ニッセイ基礎研究所「Z世代の情報処理と消費行動(1)—Z世代が歩んできた時代」)。Z世代のこの

社会問題や環境問題に対する意識が高いZ世代の台頭
(写真:ロイター/アフロ)

価値観は、後述するカルトブランドのコミュニティーと相性がいい。

平成の日本は、「みんなが持っているから」という理由でブランド物が消費されてきた。しかし、Z世代には必ずしもこうした行動パターンは当てはまらない。若者の価値観の受け皿となり得るカルトブランド。これからの時代、存在感は増す一方であろう。

summary

◎カルトブランディングとは、人間、組織を「好きなブランドのためなら身を捧げる信者」に変えるプロセスのこと
◎「イデオロギーが革新的」「明確なコミュニティーを持っていること」が大切
◎ファンはブランドとの関わりを自らアピールする「伝道師」になる
◎カルトと金銭や時間の搾取を伴う破壊的カルトは違う
◎マーケティングとブランディングはセットで考えるべきもの
◎ＢｔｏＢ企業、Ｚ世代にも共感してもらえる可能性が高い

第2章

今カルトブランディングが必要な理由

社会にひずみが生じている今、あらゆる場面でカルトブランディングが求められている。ここでは、カルトブランディングが今こそ必要な理由について解説する。

▼マスマーケティングの限界

日本、いや世界においても、いまだに「マーケティング・ブランディング＝広告出稿」と思われている節《ふし》がある。しかし、この考えはもはや古い。

序章で登場したザ・ギャザリングのメディア担当ディレクターであるジェイソン・キナー氏も「消費者は今後ますます広告を無視するようになるだろう」と予言する。過剰に広告費をかける古いマーケティング手法は、「広告費を投下し、その後刈り取る」という刈り取り型マーケティングの最たるものだ。キナー氏はこうした手法に依存することについて、「ブランドを死のスパイラルに陥《おとしい》れるだけだ」と警鐘《けいしょう》を鳴らす。

広告もある意味ではブランドが発信するコンテンツの一つだ。しかし、消費者は広告から「マーケティング臭」のようなものを敏感《びんかん》にかぎ取るようになってきた。ブランドの「下心」は、消費者の購買意欲を瞬時に減退させる。この意味で、マスマーケティングはもはや限界なのかもしれない。

ただし、マスマーケティングはうまく活用すればブランディングに大いに貢献する。ブランドの世界観を限られた時間の中で大勢の消費者に浸透させる意味では、これに勝《まさ》るものはない。ある程度の予算が確保できる場合、マーケティングやブランディングの戦略を立てて、その中でマスマーケティングの役割を明確にして活用する分には、推奨《すいしょう》したい。思考停止的に広告費を投下することを避け、広告コンテンツを消費者にとってのノイズとしない（下心を見せない）よう心がけるべきだ。

▼企業の平均寿命はわずか23・7歳

企業の寿命はいかほどか。東京商工リサーチの調査（２０１９年「業歴30年以上の『老舗』企業倒産」調査）によると、全国で２０１９年に倒産した企業の平均寿命は23・7年だった。産業別では、平均寿命の最短が16・7年の情報通信産業。倒産企業のうち、業歴30年以上の「老舗《しにせ》」企業の割合は32・4％、業歴10年未満の新興企業の割合は26・7％となっている。

この調査では、企業の多くが30年経たないうちに倒産している実態が浮き彫りとなっている。また、10年もたずに倒産する企業も思いのほか多い。

ブランディングには、ある程度の時間とコストが必要だ。ＲＯＩ（投資収益率）を考えると、ブランドはできるだけ長く存在する必要がある。そうでなくとも、ミッションを中心とした存在理由がある限り、企業やブランドはできるだけ長く存続することが責務といえる。企業本来の存在意義とは、社会課題を解決すること、世の中をよりよくすることにある。まっとうな企業は、存在し続けることで世の中に貢献できるはずである。

データが示すように、我々はあっという間にブランドが消滅してしまう環境下に置かれている。企業やブランドは「持続的成長」をより強く意識する必要があろう。一方で、ブランディングやマーケティングにおいて、広告に依存するブランドは多い。これではキナー氏の言う「死のスパイラル」となりかねず、持続性は期待できない。

カルトブランドの信者は、長きにわたりブランドとの関係性を維持し続ける。「ブランドとともにありたい」と考えるためだ。信者らに支持されるカルトブランドの寿命は、必然的に長くなる。例えばジムニーは２０２０年、生誕50周年を迎えた。ハーレーダビッドソンに至っては、ブランド誕生から１１０年を優に超えている。

カルトブランディングは、ブランドの寿命を延《の》ばすとともに、ブランドを「長きにわたり世の中に価値を提供し続ける存在」へと押し上げるのだ。

っている。

▼意味を求める人々

働く意味、遊ぶ意味、生きる意味。混沌《こんとん》とした世の中において、人々は「意味」を見失っている。

自分が何者なのか分からない。なぜ生きているのか、何のために生きているのか、どのように生きていけばいいのか。誰か教えてほしい。誰か導いてほしい。

意識下もしくは無意識下において、現代人はこうした思考になっている。「迷える子羊」なのである。

カルトブランドは「意味」を提示する存在である。意味を求めてさまよう現代人を、意味を提示することによって導くのである。宗教と同じように。

意味の提示は、課題の設定ともややニュアンスが異なる。カルトブランドは社会課題を解決するために存在していることもある。しかし、もう一歩踏み込んで人間の根源的な欲求を満たしたり、文化的な生活を実現させたりしてくれる存在であることも多い。アップルは、コンピューターで個人の力を大きくした。釣り具ブランドの「がまかつ」は、釣り人を歓喜させた。

独立研究者の山口周《やまぐちしゅう》氏は、ビジネスはその歴史的な使命を終えつつあると指摘する。

その上で、文明的豊かさを生み出すビジネスから、文化的豊かさを生み出すビジネスへの転換が求められていると論じている（『ビジネスの未来　エコノミーにヒューマニティを取り戻す』プレジデント社）。

このブランドについていけば、人生に意味を見出すことができるのではないか。人々は、カルトブランドにこうした期待を寄せる。意味を求める現代人にとって、カルトブランドは道を示してくれる、なくてはならない存在なのだ。

▼孤独を感じる現代人

サイバーセキュリティ企業「カスペルスキー」が実施した調査によると、新型コロナウイルス感染症の拡大に伴う外出自粛期間中、日本人の約4割が「孤独を感じた」という。同調査では、日本人の実に2人に1人が、新型コロナ流行前から孤独を感じていたことも説明している。パンデミックは人々に孤独感をもたらした。しかし、実は現代人はパンデミックに関係なく常に孤独を感じていたわけである。

孤独は必ずしも悪いことではない。筆者は20代のバックパッカー時代、なるべく日本人がいない宿を選ぶようにしていたことがある。海外に出てまで日本人と関わる必要はない、と当時考えたからだ。そうは決めたものの、インドとペルーでは旅が過酷だったこともあり、孤独に耐えきれずギブアップ。結局日本人宿に投宿した。しかし、当時の孤独感は筆者の心を確実に強くしてくれた。必要な孤独であったと思う。

現代人の孤独は、これとは異なるものだと感じる。手を差し伸べてくれる人が少ない状態が前提となっている。逃げ場のない、精神的に悪影響を与える孤独といえる。たとえSNSに逃げたとしても、むしろそれは本人を悪い方向へといざなう。

米ピッツバーグ大学医学部の研究者らが実施した調査によると、SNSを使用する時間が長いほど「社会的に孤立している」と感じる可能性が高くなるという。他人の投稿を見て、疎外感《そがいかん》や妬《ねた》みの感情が誘発されるというのが、その理由の一つである。

カルトブランドは、孤独を癒やしてくれる存在である。生きる意味を提示してくれる。信者は「自分らしくあれる」と感じることができる。主体的に生きることができ、自分の人生を歩むことができる。疎外感や妬みは生まれない。幸福感が孤独を打ち消してくれる。

カルトブランドの信者は、プロダクトではなく体験を買っている。さらには「仲間」を買っているともいえる。コミュニティーに入ることで、人との交流機会を得ることができるからだ。ブランドを愛しているという共通項でつながるコミュニティー内の人たち。今の時代に失われている人とのつながりが、カルトブランドのコミュニティーにはしっかりと根付いている。

▼情報の透明化が進む現代社会

多くの人がスマートフォンを手にし、いつでも、どこでも情報にアクセスできるようになった。かつて為政者や企業が隠してきたような事案も、あっさりと広まってしまう。そんな時代に我々は生きている。

リーダーシップや組織開発の研修講師として定評がある、鎌倉《かまくら》マインドフルネス・ラボの宍戸《ししど》幹央《みきお》代表は、筆者の取材に対し「情報の透明化が急速に進んでいる」と指摘する。

SNSを通して企業やブランドの裏側の情報まで、すぐさま拡散してしまう。ブランドのダブルスタンダード、または「本音」に消費者が激怒し、炎上したケースは枚挙にいとまがない。「もはや誰も嘘がつけない時代となった」と宍戸氏が語る通り、ブランドは消費者と真摯《しんし》に向き合う以外に道はない。

前掲のキナー氏の発言をもう一度確認してみよう。

「消費者のエンゲージメントを高め、ブランドの文化を大切にする。このように、古いマーケティング手法ではなく、組織化されたカルト宗教に似た原則を守るブランドは成功している」

消費者のエンゲージメントを高め、ブランドの文化を大切にすることこそ、カルトブランドの本質だ。情報が透明化する現代社会においては、一部の破壊的カルトのように、マインドコントロールに手を出すことはご法度《はっと》といえる。ウェブサイトに行動心理学的アプローチを取り入れる程度であれば問題ないが、オフラインのイベントなどでマインドコントロールのテクニックを使えば、その事実はSNSで一気に拡散する。

現代においては、「信頼のおける人」からの口コミこそが、最強のメディアである。カルトブランドの信者らは、ブランドとの関わりを様々な場所で示す。これはすなわち、口コミが次々と生み出される状態である。エンゲージメントが極めて高い信者らの口コミは、信頼度が低下しているオンラインのレビューとは異なり、消費者に刺さる。カルトブランディングこそ、口コミを自然発生させる確実かつまっとうな手法といえる。

「消費者のエンゲージメントを高める」「ブランドの文化を大切にする」という真摯なカルトブランディングのスタンスは、現代において極めて有効といえよう。情報の透明化が進み、消費者が疑心暗鬼《ぎしんあんき》になっている今だからこそ、嘘偽りのないカルトブランディングに取り組むことは、非常に意義深いことなのだ。

▼新型コロナに振り回される人たち

情報の透明化が進む一方で、新型コロナのパンデミックは、世の中には不確かな情報も多いという事実を我々に示した。そもそも、あらゆる情報は、起こった事象について人間が後付けで解釈したものである。それが正しいとは限らないし、表に出ていない情報も多く存在する。つまり「すべては不確かである」という点のみが、確かな点なのだ。

パンデミックについては、新型コロナウイルスが持つ特性や新型コロナウイルス感染症の症状など、分からないことが多すぎた。情報に振り回されたのは国民だけではない。行政も不確かな情報をもとに、判断したりお願いしたりといったことが求められた。こうした状況下では、〝結果的な判断ミス〟も当然起こりうる。正解のない世界に我々は生きているのだ。

何を信じればいいのか、誰にも分からない。だからこそ、カルトブランドの存在は、人類にとって大きな意味を持つ。すなわち、「信頼できる数少ない心のよりどころ」である。

図3　インターネット情報の信憑性

**消費者はオンラインの情報に対し
疑心暗鬼になっている**

ブランドと宗教がよく比較される理由の一つは、ここにある。

カルトブランドには信念やビジョンがある。核となる部分が変わることは絶対にない。だからこそ、カルトブランドの導きに安心して従える。「変わらない安心感」は、人々に心の平穏をもたらす。

▼「ヤラセレビュー」によって信頼が失われた

消費者は、何かを購入する際、誰の意見を参考にしているのだろうか。オンラインのレビューを参考にすることは、今や当たり前となった。しかし、レビューを「買う」という行為がまかり通っていることが、NHKなどの報道で明らかになった。

有料で偽《にせ》のレビューを書く行為、つまり「サクラ行為」が横行しているという。ついには、レビューの「ヤラセ度」を判定するツールまで登場した。ほかに、インスタグラマーが対価を得ているにもかかわらず、「PR」などの表記を付けずに自身のSNSアカウントで特定のブランドを推奨する行為も、後を絶たない。オンラインの声の信頼度は、今や著しく低下している。

消費者は、家族や友人、職場の同僚など、直接つながりがある人の「口コミ」しか信じられないようになってきた。そうした意味では、信者を意図的に生み出していくカルトブランディングこそが、実は効率のいい手法といえよう。

北米にはキリスト教プロテスタントの一派「アーミッシュ」と呼ばれる人々がいる。電化製品を持たず、自給自足の生活を送ることで知られる。彼らはお互いの関係性を大切にするという価値観を持っている。この価値観はビジネスにも生かされている。

山中麻葉《やまなかまは》著『アーミッシュカントリーの美しい暮らし MY FRIENDS, AMISH』（エムジェイブックス）によると、米国のスタートアップの63％が、起業して6年以内に失敗するとされている。一方で、アーミッシュは5％以下だという。

著者の山中氏は、アーミッシュの木製家具の製造販売で起業した人物にインタビューしており、正直でいることが重要であるとの言葉を引き出している。正直でいることにより、人々の信頼が得られるからだという。事実、米国では「アーミッシュの家具は間違いない」と考える消費者が一定数存在し、いわば「アーミッシュブランド」が確立されている。

ブランドが信者を獲得するためには、顧客からの信頼獲得が大前提である。アーミッシュによる起業の失敗確率の低さを見る限り、信頼獲得はブランドの確立、そしてビジネスの成功につながるものといえる。

カルトブランドの事例を見てみると、どのブランドも信者から絶大な信頼を集めている。まっすぐな、ぶれない姿勢は「このブランドなら裏切らない」という信頼や安心をもたらす。それが信者の獲得につながる。「信頼が失われた世の中」だからこそ、ひとたびカルトブランドとなれば、信者との信頼関係は強固なものとなる。

▼ディスカウントキャンペーンが生む負のスパイラル

新規顧客を獲得するために、割引キャンペーンを打つことは一般的だ。しかし、過度にこうしたキャンペーンを打てば、負のスパイラルに陥ってしまう。すなわち、新規顧客を獲得するためにはディスカウントするしかない、と運営側が錯覚してしまうのだ。

その結果、何が起こるかというと、ブランド価値は毀損される。「あのブランドは安売りをしている」というイメージが浸透してしまうからだ。また、そうやって獲得した顧客というのは、ディスカウントがインセンティブとなって購入しているわけで、純粋にブランドを評価して購入してくれたとは限らない。ロイヤルティの度合いに大きな差が出てしまう。

残念ながら、現代において新規顧客獲得のためのディスカウントは、もはや止められない領域にまで達している。これは、経営層が顧客獲得単価を厳しく追いかけるようになった結果といえよう。

こうした思考回路の組織に、LTV（ライフタイムバリュー＝顧客生涯価値）という概念は存在しない。ブランディングにおいて何より重要なのは、ブランドのことを愛し、長きにわたり顧客であり続けてくれる人たちだ。生涯で支払ってくれる額は、ディスカウントキャンペーンで獲得した場合と比較して、何倍にもなろう。

ほとんどのカルトブランドは、ディスカウントキャンペーンを多用しない。中には、デ

図4　ディスカウントの効果

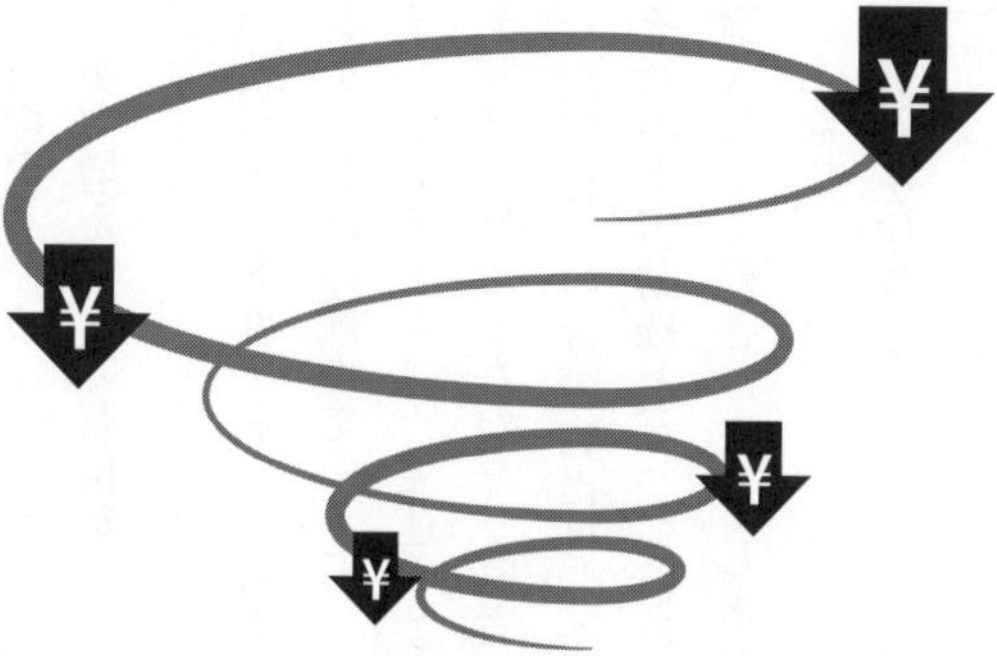

負のスパイラルを生む「悪魔の実」

ィスカウントという「悪魔の実」に一切手を出さないカルトブランドも存在する。カルトブランドの信者らは、価格に対しそれほど神経質にならない。多少高くても問題ない。いや、場合によっては他社製品より高いくらいがちょうどいい。例えば、アップル社のプロダクトだって、競合他社のそれと比較して高価であることが多い（例外もあるが）。

〝入信〟に際してのハードルが高ければ高いほど、コミュニティーの結束は固くなり、信者は居心地の良さを感じることができる。また、「自分らしくあれる」との思いを、より強く感じることができる。定価で販売する割合が高ければ高いほど、カルトブランドとして確固たる地位を築いているといえよう。

▼ポイントカードに辟易する消費者たち

あなたの財布やカード入れには、何枚のポイントカードやスタンプカードが入っているだろうか。増えすぎて収拾がつかなくなっているのは、筆者だけではないはずだ。

例えば１０００円で1ポイントが貯まり、30ポイントで５００円分の商品券がもらえるといったポイントカードのシステムは、あらゆる業種や店舗で導入されている。しかし、ブランディングの観点でいうと、必ずしも正解とはいえない。

ポイントシステムは、先述のディスカウントキャンペーン同様、ある意味金銭的なインセンティブを与えるものだ。信者ともなれば、金銭的なインセンティブを求めない。

あなたの行きつけの店には、金銭的リターンのあるシステムが存在するだろうか。また、それが来店動機となっているだろうか。「毎月○日はポイント2倍なので、ぜひこの日に購入してください」。もしあなたがカルトブランドの信者であれば、愛するブランドからこんな投げかけがあっても、喜ばしいとは思わないはずだ。ましてや「この度ポイントシステムを作りました。こちらがポイントカードです。どうぞ」などと言われた日には、「そうじゃないんだ！」と幻滅してしまうだろう。

ポイントシステムの運用にも、当然コストがかかる。しかも、顧客のエンゲージメントが上がることはない（ただし安さを売りにしたスーパーマーケットなどが運用することは理にかなっている）。導入を検討する前に、顧客が何を望んでいるのかを理解し、金銭的リターン以外の方法によるエンゲージメントの向上を図ろう。

▼新型コロナ禍で進むデジタルトランスフォーメーション（DX）

新型コロナウイルスの感染拡大に伴い、ブランディングやマーケティングの舞台が一気にオンラインへと切り替わっている。オンラインの場でいかにしてエンゲージメントを高めていくかが、焦点となる。

オンラインではコンテンツの制作と配信にコストを投下する必要がある。新型コロナ禍で体力を削《けず》られた中小企業は、コンテンツの配信方法などに工夫が求められる。その際にカルトブランディングを考慮することで、費用対効果を上げることも可能になるだろう。

オフラインの場では、比較的簡単に信頼を獲得できる。しかし、オンラインの場では、フィジカルな付き合いができないためなかなか難しい。そこで力を発揮するのがカルトブランディングだ。

カルトブランドの信者は、自発的にブランドとの関わりをアピールし、口コミをオンラインとオフラインの両方で発信してくれる。カルトブランディングが、フィジカルな交流が難しくなり、かつ広告の効果が薄れつつあるウィズコロナ、ポストコロナの時代にこそ求められる理由はここにある。

当然、ブランドが持つウェブサイトやオウンドメディアといったプラットフォーム上には、ベースとなるコンテンツが必要だ。公式にストックされた情報は、「聖書」や「教典」としての役割も担ってくれるだろう。

▼テクノロジーの発達に伴い失われていく「美学」

テクノロジーが発達するにつれて、ブランドに求められる「美学」が失われている。AIの出現は、これを大いに進めた側面もある。

筆者は囲碁《いご》を打つ。母方の祖父の影響で7歳から始め、高校時代は団体戦（3人制）の三将として、全国大会優勝も果たした（これまでの人生における唯一の自慢だ）。

囲碁は陣取り合戦である。黒番と白番が交互に一手ずつ打ち、陣地を囲っていく。囲碁は序盤の布石がものをいう。早い段階から陣地を確保していくのか、はたまた模様を作って主導権を握るのか。対局をどう展開していくつもりなのか、意思表示の場面ともいえる。その後、中盤から終盤にかけて、攻め合ったり陣地を囲ったりする。最後はヨセと呼ばれる、細かい陣地の削り合いを経て、終局となる。

対局を終えた後は、初対面の相手であっても、なんだかお互い分かり合えたような気持ちになることが多々ある。それは、盤面に性格や人間性がにじむからであろう。囲碁は二人で壮大な一つのストーリーを紡ぐ作業ともいえ、たったの一局でも、ある種の「同志」となれる。

しかし、ＡＩの登場によって様相が一変した。

２０１６年、囲碁界のスーパースターであるイ・セドルが囲碁ＡＩ「アルファ碁」に敗れた。グーグルが開発したソフトの強さは圧倒的で、対局前に自信を見せていたイ・セドルは、わずか1勝しかできなかった（最終的には1勝4敗であった）。3連敗ののちにようやく1勝した際、彼は「一回勝っただけでこれほど祝福されたのは人生初だ」といった趣旨のことを述べた。

筆者はこの対局を見て、ショックを受けた。当時、ＡＩが人間に勝つのにはまだ時間がかかるだろうという意見が大勢《たいせい》を占めていた。すべての棋譜《きふ》を見たが、あのイ・セドルが全く手も足も出なかった。

囲碁ＡＩの戦い方は、囲碁界に影響を与えた。これまではあり得なかった戦術についての研究が進み、囲碁ＡＩから学んだ手が一般化している例は多い。しかし、筆者は何か物足りなさを感じていた。

ある時、気が付いた。ＡＩの打つ囲碁は、本来囲碁が持っているはずの「美学」「ストーリー性」が感じられないのだ。

数多くのプロ棋士を輩出している囲碁の教育組織「緑星《りよくせい》囲碁学園」出身で、現在熊本《くまもと》市内で子供向け囲碁教室を運営する板井《いたい》太志《ふとし》氏は、囲碁ＡＩの戦い方について「効率を追い求めるものだ」と評する。板井氏によると、囲碁ＡＩは勝つことのみが目的だからこそ、勝利する確率が高い手を打ち続ける。

人間が打つ囲碁は、ストーリーがあり、ドラマがある。誰しも美学を持ち、それが「棋風」、つまり個性となる。「自分の美学がどれだけ通用するか」という部分が囲碁の面白さであり、勝利以外の大きな目的となっている。

板井氏は「囲碁に限らず、人間は何らかの願望を抱き、実現させようと努力する。その過程で感情の機微があり、それが人間らしさを生んでいる。しかしＡＩにはそれが感じられない」と分析する。

ブランディングにおいても、同じことがいえる。世の中からエモーショナルな瞬間が減っている。マーケティングテクノロジーが発達し、ブランディングやマーケティングの効率化が進んだ結果である。ブランドの経営層は短期的な売り上げばかりに目が行き、消費者への「価値提供」がおろそかになっているのだ。

ここ最近、ブランドを身につけることでワクワク、ドキドキするような機会がどれだけあっただろう。

「美学」は「人間性」の構成要素であると筆者は考える。山口周氏は『ビジネスの未来』で、人間は本来「人間性に根差した衝動」という欲求を持っており、この衝動が人間を人間たらしめていると指摘している。

山口氏は衝動の例として、「描き、創造したい」「何か崇高なものに人生をささげたい」などを挙げている。囲碁で美学を追求する碁打ちが多いのも、衝動によるものだ。

単純に勝利したいだけならば、AIの力を借りるのがベストである。一方で、人間性に根差した衝動を求める筆者のような碁打ちは、AIとは距離を置きたくなってしまう。

カルトブランドは美学やストーリーをまとう存在である。加えて、テクノロジーに頼りすぎない。テクノロジー企業があったとしても、最新テクノロジー以外の部分を顧客に訴求する。アップルが発表するプロダクトは、必ずしも最新のテクノロジーが使われているとは限らない。しかし、美学やストーリーを提供している。

外国語学習サービス「デュオリンゴ」のコミュニティー責任者は、「テクノロジーに頼るのではなく、手を動かし努力すること」がコミュニティー運営、そしてビジネスを加速させるために必要だと指摘する。この姿勢が顧客の胸を打つ。

効率主義が進む世の中だからこそ、必ずしも効率を重視するとは限らないカルトブランドが強みを発揮するのだ。

▼新型コロナ禍で変わるライフスタイル

２０２０年、ギター大手のフェンダーは、過去最高の年間売り上げを見通していると発表した。１９４０年代に創業した、業界の中では老舗中の老舗。一体何が起きたのか。答えは新型コロナウイルスの感染拡大だ。

日経新聞は「米国でギター大売れ　新型コロナ契機、余暇を習い事に」という見出しでこの事象を報じている（２０２０年10月17日オンライン版）。記事によると、２０２０年３月にオンラインの注文が急増。アンディ・ムーニーＣＥＯが同年の売り上げが２ケタ増で、過去最高となる見通しを示しているという。

二輪車市場にも異変が起きている。NNA・ASIAは、豪州で自動二輪車の新車販売が全国的に11％増加していると報じている（２０２０年9月1日配信）。記事では新型コロナウイルスの感染防止を念頭に、安全に楽しめる家族のアクティビティーとして人気が高まっているようだ、と分析している。

これら2つの興味深い事象が意味するもの、それはライフスタイルの変化である。ギターにしても二輪車にしても、趣味やアクティビティーである。生きていく上で必ずしも必要ないものといえよう。しかし、人々はこれらを求めるようになった。新型コロナによって。

便利さを追い求めてきた現代人。しかしパンデミックが、一度立ち止まって考えるきっかけを私たちに与えた。リモートワークやオンライン会議が一気に普及し、夜の付き合いがなくなった。必然的に、自分と向き合う時間が増える。果たして自分たちは何のために生きているのか。こうした問いを持つようになった。そして人生は楽しむためにあるのだと気づく。効率主義との決別である。

新たなライフスタイル、そして新たな価値観を手に入れた現代人は、趣味やアクティビティーを求めるようになる。今のライフスタイルに適合し、かつ人生を楽しめるものは何か。ギターや二輪車という答えを見つけるのに、そう時間はかからなかった。

もちろん、ギターや二輪車に限らない。新しいライフスタイルに合致するものであれば、筆者たちが気づいていないだけで、市場に受け入れられる可能性が高い。カルトブランドはライフスタイルを提供、提示するものである。人々は今、カルトブランドを求めている。

▼人類共通の敵が現れた

人々は、敵と対峙したり、敵をやっつけたりするヒーローにあこがれる。カルトブランドの多くは、敵を作るという手段を採用してきた。敵は、業界の巨人であったり環境問題であったりするが、当然のことながらブランドによって敵は異なる。しかし、ブランドに限らず全人類共通の敵として、新型コロナウイルスが突然現れた。

ここに一通のメールがある。ホテル運営のマリオット・インターナショナルから届いたものだ。新型コロナによって、通常の広告宣伝コンテンツを出しづらい時期があった（今後もあるかもしれないが）。地球全体が暗澹《あんたん》たる雰囲気に包まれている時に、ただ明るい宣伝文句を受け取った消費者はどう思うだろうか。多くの企業が、安易にコンテンツを出せない状況が続いた。

そんな中、マリオットは2020年春、複数回にわたり社長名で顧客にメールを配信した。宿泊キャンセルに柔軟に応じることに加えて、医療従事者のためにマスクや清掃用品を提供したこと、未使用の食品を慈善団体に寄付したことを説明。「パンデミックとの戦いを支援している」とつづっている。

人類共通の敵であるパンデミックに負けず、ブランドとしての役割を果たしていく姿勢を明確に示したこのメール。本文の最後には社長の手書きサインが記されており、非常に温かみを感じる、人間味あふれるものであった。筆者は一読した後、「北米に渡航できるようになったらマリオットに宿泊しよう」と思わず心の中で誓った。

敵と戦うのは、カルトブランドの専売特許のはずである。もともと設定していた敵に、パンデミックも敵として加わった。敵と戦うことに慣れているカルトブランドたち。信者らは、カルトブランドがパンデミックと戦う勇敢な姿を見たいと願っている。

◎カルトブランドは「長きにわたり価値を提供し続ける存在」である
◎信者はブランドとの関係性を長く維持し続ける
◎意味を求める現代人に対し意味を提示して導く
◎信者は金銭的インセンティブを求めない
◎美学やストーリーは、効率主義が進む今こそ強みを発揮する

summary

第3章

実践のためのキーワード

カルトブランディングの研究を進めると、「イデオロギー」「異端児」「敵」など通常のブランディングとは異なる特徴的なキーワードが見えてくる。本章では、カルトブランディングのキーワードを一つひとつ紐《ひも》解いていきたい。

▼イデオロギー

カルトブランドには、革新的なイデオロギーがある。

尖ったイメージを消費者が抱くのも革新的なイデオロギーによるものであり、もしこれが弱ければカルトブランドとは呼べない。カルトブランディングに取り組む上で、革新的なイデオロギーを生み出すことは絶対条件となる。

イデオロギーとは、思想の傾向、または社会や政治に関する主義を意味する。カルトブランディングの場合は、社会や社会課題に対するスタンスを明確にすることで、ブランドがイデオロギーをまとうようになる。

イデオロギーは、どこでどうやって示すべきか。最も一般的なものは、企業のミッションやビジョンとして示すことだろう。ミッションは、企業の使命や理念であり、ビジョンは実現したい世界である。

アウトドア用品の米パタゴニアは「ビジネスを手段として環境危機に警鐘を鳴らし、解決に向けて実行する」などとするミッションステートメントを定めている。パタゴニアは1970年代から環境活動に取り組んでおり、製品製造がもたらす環境への悪影響を減らす努力をしている。また、環境危機に意識を向けてもらうための広告も出している（イヴォン・シュイナード著『新版　社員をサーフィンに行かせよう　パタゴニア経営のすべて』ダイヤモンド社)。ミッションと行動が直結している、素晴らしい事例である。

せいぜい数十文字程度のミッションでは伝えきれないことも多い。ブランドはミッションにつながる行動を起こし続ける必要がある。ミッションを伝える目的のコンテンツを制作し、消費者に届けることも怠《おこた》ってはならない。

ミッションに連動させる形で「代表取締役メッセージ」をブランドウェブサイトに示すことも有効だろうし、スタンスを伝えることを目的とした記事をブランドマネージャーが執筆し、オウンドメディアで公開するのもいいだろう。

ただし、場合によっては、スタンスについてブランドが発信しないことが許されるケースもある。一目でイデオロギーが理解できるプロダクトやデザインが存在する場合だ。

例えばハーレーダビッドソンのバイクやブランドそれ自体からは、既存の文化や体制への反逆という要素が連想される。

一方で、イデオロギーがあたりさわりのないものであれば、どれだけプロダクトのデザインや機能にこだわったところで、信者を獲得することはできない。イデオロギーに共感することで、顧客は信者となるからだ。

イデオロギーが尖ったものであればあるほど、リスクも生じる。規模の大きな企業体が新たにカルトブランドを生み出そうとしても、炎上を恐れた経営層が企画にノーを突き付けるはずだ（正しいステップを踏めば大企業であってもカルトブランディングにチャレンジできるのだが）。

したがって、ブランド規模がまだ小さいころの方が、尖ったイデオロギーを採用しやすいといえる。生まれた時はカルトであった宗教も、規模を拡大するにつれて社会と融合していく。するとカルト性が失われていく。このことと同じ構造である。

ただし企業規模はともあれ、倫理観を持って臨《のぞ》めば炎上リスクを減らすことはできる。尖ったイデオロギーとリスク軽減は、両立が可能である。なぜ、一般的なブランドたちが、SNS上で毎週のように炎上しているのだろうか。それは倫理観が欠如しているからに他ならない。炎上するケースは、メッセージや宣伝の内容および伝え方を誤っているのである。尖ったイデオロギーが炎上しているわけではない。必要なのは、倫理観だけなのである。

ここまで読んだブランディング担当者の多くが、こう考えたであろう。「これからイデオロギーを生み出せば、カルトブランドとして生まれ変わることができるのか――」

もちろん不可能ではない。しかし、ブランドがすでに認知を獲得していればしているほど、相当の努力が必要であることは間違いない。カルトブランドが社会に受け入れられてカルト性を失っていくことはあっても、既存ブランドにカルト性を付与することは難しい。一度ブランドとして認知されたのであれば、そこからイメージを一新することはコストも時間もかかる。

とはいえ、ブランドのイメージを損《そこ》ねないのであれば、新たにイデオロギーを打ち出すことはブランディングにおいて有効である。熱狂的な信者を抱えるカルトブランドとまではいかないかもしれないが、顧客からの共感を獲得することはできよう。その意味で、一考の価値はあるかもしれない。

ただし、新たに別ブランドを立ち上げたり、すでにある素材や商品を一からリブランディングしたりする方が、カルトブランドを目指すハードルは下がる。

なぜイデオロギーが必要なのか。筆者が考えるに、イデオロギーが「意味の創造」に寄与するからであろう。

マーガレット・マーク氏とキャロル・S・ピアソン氏による『ブランド・アーキタイプ戦略　驚異的価値を生み出す心理学的アプローチ』（実務教育出版）は、（ブランドは）ユニークで魅力的なアイデンティティーや意味を創造し、養うことが欠かせないと指摘している。

ブランドがいまだかつてない速度で生まれ、かつ消費者が情報の洪水の中に置かれている現代において、ブランドのメッセージは届きにくい。しかしブランドが「意味を創造」することで、消費者は振り向いてくれるようになる。

また、消費者は生きる意味を探しており、その受け皿となる可能性もあるだろう。同書ではブランドが、普遍的、伝説的、偶像的な「意味」を獲得することの重要性を説いているが、そのためにはイデオロギーの設定が不可欠なのである。

▼異端児

いくら尖ったイデオロギーがあったとしても、同じ業界やカテゴリー内にいくつも似たイデオロギーを持つブランドが存在すれば、独自性がない状態となる。

商品やサービスについても同じことがいえよう。高品質の商品やサービスを提供し、顧客満足度が高かったとしても、同じ業界やカテゴリーに似た商品やサービスが存在すれば、独自のポジションを築きにくい。

カルトブランドには、他との「違い」を出すことが強く求められる。二番煎《せん》じではいけない。新たに独自のポジションを確立させる必要があるのだ。

これは、ブランディングで言うところの「ポジショニング」である。

ポジショニングの方法はいくつか存在するが、例えばある業界で「高級路線―大衆路線」「地味―派手」という2軸があったとして、4象限の中に競合となりそうなブランドをマッピングしていく。その上で、空《あ》いているポジションを探すというやり方がある。また、既存の商品カテゴリーの「サブカテゴリー」として新たに認知を獲得していく方法もある。この辺りは『ブランド戦略論』に詳しい。

カルトブランディングにおいては、サブカテゴリーとして新たに認知を獲得する方法は必須である。そうやって「違い」を出すのだ。

例えば、カルトブランドの一つであるスズキのジムニーは、車業界においては完全に独自のポジションを築いている。現行の型は4代目だが、一貫して「本格的な軽四輪駆動車」というポジションを守っている。現時点で、軽の本格的な四輪駆動車となると、ジムニー以外に思い浮かばない。

もう一つ例を挙げよう。筆者の友人に竹村賢人《たけむらけんと》氏という人物がいる。

竹村氏はインドのシステム開発会社やデジタルアート集団「チームラボ」での勤務を経て、「椎茸祭《しいたけまつり》」という会社を立ち上げた。同社ではシイタケを使用した無添加の「おだしドリンク」などを販売している。

なぜシイタケのだしに注目したのか。先述の通り、竹村氏はかつてインドで働いていた。インドにはベジタリアンが多く、肉や魚を使わない料理が充実している。そうした環境下で竹村氏が食べていたのがマッシュルーム、つまりキノコだった。竹村氏は、キノコが肉に負けないほどの満足感をくれることに気づいた。

帰国後に台湾人の女性（現在の妻）と交際を始めた。その女性はベジタリアンだった。「だし大国」の日本では、あらゆる料理にだしが使用されている。しかし、動物性のだしが多く、彼女と満足に外食に出かけることができなかった。「肉や魚を食べることのできない彼女と共感したい」

その時、インドでの思い出がよみがえった。シイタケのだしなら口にできる。彼女以外にも同じ悩みを抱えている人がいるはずだ。

早速、スーパーマーケットのだしコーナーに足を運んでみた。鰹節《かつおぶし》や鶏ガラなどの混ざった動物性のだしが並んでいた。しかし、だしとして家庭に普及しているシイタケにつ

動物性の食材不使用、無添加のおだし（株式会社椎茸祭提供）

いては、乾燥シイタケはあれど、顆粒《かりゅう》や液体のだしはほとんどなかった。

「これだ」。アイデアが確信へと変わった瞬間だった。竹村氏はシイタケだしで起業することを決意する。

竹村氏はそこからさらにポジショニング分析を進めた。どのポジションに競合が少ないかを明らかにしようとしたのだ。その結果企画したのが、働き盛りの世代がオフィスで飲むためのシイタケだしだった。

飲むシイタケだしは大ヒット。アマゾンの「和風だし」カテゴリーで1位を獲得した。

シイタケだしの普及に努める竹村氏。しかし、竹村氏が売っているのは実はプロダクトではないという。プロダクトではなく体験。「ホッと一息つく瞬間を提供している」と本人は言い切る。
現代社会は常に張り詰めた空気にある。しかし、仕事中にだしを飲むことで、体が緩《ゆる》み、気持ちが和《やわ》らぐ。

「個人の内面の平和を実現させる」。これが椎茸祭のミッション。そして、それに共感する顧客が、着実に増えている。

だし業界、シイタケ業界において完全に独自のポジションを築いている椎茸祭。まだスタートアップの段階ではあるが、「違いを出す」という意味ではカルトブランドを目指す上での素地がある。

「違い」と言っても、技術的なイノベーションはなくてもいい。事実、カルトブランドの多くは、それほど新しい技術をプロダクトに応用しているわけではない。ポジショニングを考えることで、違いを出しているだけだ。難しい技術は不要である。

情熱を持って「違い」を突き詰めることで、業界における「異端児」となる。この場合の異端児は、ポジティブな意味に捉えていい。なぜか。

カルトブランドの信者は、「自分らしくありたい」と思う。この思いを掘り下げると、「他人《ひと》と違っていたい」ということになる。ブランドが業界において異端児扱いされてい

図5　ポジショニングの考え方

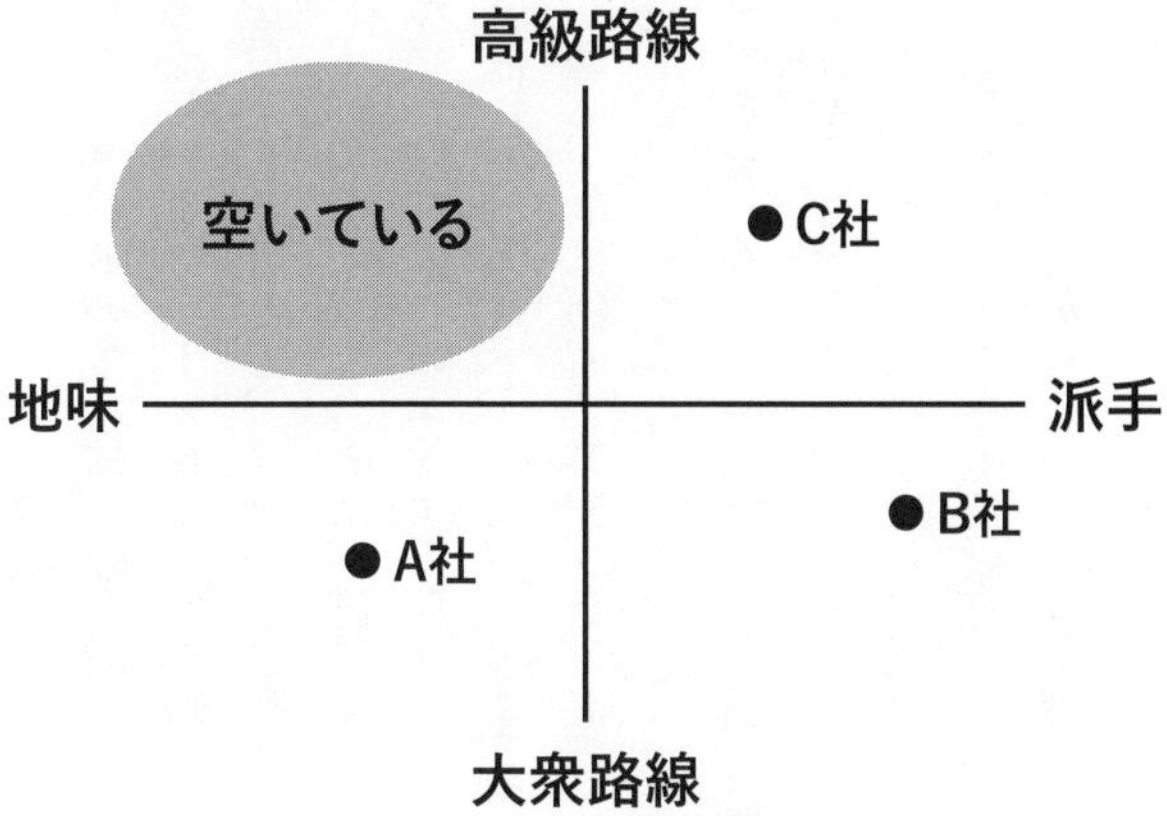

ればいるほど、「このブランドと関わりのある自分は他人と違うのだ」と感じる。

これは「カルトブランドの大いなる矛盾」と称される。ブランドに所属することは、ブランドにぶら下がり依存している状態といえる。しかし、ブランドに所属することで、信者は「自己実現できる」と感じるのである。

しかし、よくよく考えれば決して矛盾してはいない。なぜなら、カルトブランドの存在理由、つまりイデオロギーに共感して信者となった場合、ブランドの共通の目的を追い求めることとなり、その過程で信者は幸福を感じることができるからである。

▼**敵**

カルトブランドの多くは、敵を設定している。例えばアップルは、巨大企業への対抗意識むき出しのCM「1984年」を制作して話題をさらった。

敵を設定することで、ブランドは戦う姿勢を顧客に示すことができる。顧客はいつしかブランドに自分を重ね合わせ、応援する。その戦いに部分的に勝利する、もしくは勝利へと近づいた時、顧客のエンゲージメントは一気に高まる。

競合他社をあからさまに敵に設定することは、今の時代難しくなっているかもしれない。しかし、敵は何も企業やブランドでなくともいい。世の中の大半の企業が、ミッションを設定しているであろう。このミッションが具体的なものであれば、「敵」を生み出すことができる。例えば環境破壊や言論封殺なども「敵」として考えられよう。

米コーヒーブランド「デス・ウィッシュ・コーヒー」のプロダクトは、フェアトレードとオーガニックをうたっている。見方を変えると、不公平かつ不公正な貿易、そして農薬や化学肥料を使う世界を敵に設定しているといえる。顧客が共感し、その戦いを応援したくなるような、何かしらの「敵」を設定することが重要なのである。

「敵」や「戦い」を設定する際は、ストーリーを用いることが一般的である。

２０２０年5月、コンテンツ戦略のカンファレンス「コンファブ」がオンラインで開催された。ストーリーテリングがテーマのセッションに登壇したのは、ライターやミュージシャンとしてのバックグラウンドを持ち、現在は米大手銀行のキャピタル・ワンでナラティブ（物語）・ストラテジストを務めるカトリーヌ・ベッカー氏。彼女は「よりよいストーリーを伝えるために作詞家のように考えよう」と題しプレゼンした。

ベッカー氏によると、作詞家は「オーディエンスの統一」を意識したストーリーテリングをよく行なうという。これをベッカー氏は、「スローガンを記した『旗じるし』となる歌」と表現する。

いわずもがな、ここでのストーリーテリングはオーディエンスの統一がゴールだ。ビジネスにおいても「戦い」を生み出すことで、オーディエンスを一つにできる可能性がある。

世の中をよくするための「共通の敵」を見つけ、「問題・原理・原因」を明らかにすることで、戦いに勝利しよう、とのメッセージを届ける。この一連の流れをストーリーテリングコンテンツとしてまとめることで、オーディエンスの統一が可能となるという。確かに、絶大な人気を誇る音楽アーティストは、様々な層から支持されている。敵を作り、戦いを生むことで、あらゆる層にリーチできるのだ。

▼リーダーシップ

強力なリーダーシップは、カルトブランドに必要な要素だ。創業者や経営者が強力なリーダーシップを発揮するケースもあれば、ブランドが業界のリーダーとして走り続けるというケースもある。いずれにせよ、カルトブランドにリーダーシップは欠かせない。

どうすればリーダーシップが手に入るのか。

創業者がもともと生まれ持っているケースもある。ポジション（肩書）が人を育て、リーダーシップを発揮するケースも多い。しかしながら、真のリーダーシップを生むのは、「世の中を変えた

デス・ウィッシュ・コーヒーのパッケージには印象的なドクロのロゴが印刷されている

パッケージの裏面にはオーガニック、フェアトレードをうたう文言が記されている

い」という思いと行動といえる（政治やカルトの世界でも起こる）。

リーダーシップは、「世の中を変えたい」という思い、つまりブランドのイデオロギーや存在理由と密接に関わっている。信念に基づいて行動する人に、誰かがついてくるとする。すると、組織もしくはコミュニティーが生まれていく。そこでリーダーシップが発揮される。

スコット・ストラットン、アリソン・ストラットン著『UnBranding: 100 Branding Lessons for the Age of Disruption』（Wiley）は、我々が直面している「断絶の時代」において、リーダーシップの重要性がこれまでになく高まっているとした上で、「リーダーは言葉だけでなく行動によって人々を導くものである」と強調する。

また、行動を伴わずにミッションステートメントや指示のみによって意思決定が行なわれると、ブランドは苦しむことになるとも指摘。「存在理由と行動がリンクしていなければ、ブランドは多くの被害を受けることになる」と言い切り、リーダーが模範を示して継続的に導くことが、真のリーダーシップへの鍵であるとまとめている。

ブランドで考えてみることとする。ブランドが新たな分野を生み出し、市場や認知を獲得したとしよう。その分野においては第一人者であるわけで、カテゴリーを引っ張っていくこととなる。存在理由と行動によって、リーダーシップが生まれるわけだ。

ただし、あまりにもニッチな分野だと市場規模が小さく、リーダーシップを発揮するとまではいかないかもしれない。そもそも、カルトブランドは、ある程度の業界やカテゴリーを支配している必要があることは、すでに述べた通りである。

存在理由に裏打ちされたぶれない行動。これを続けることで、自然とリーダーシップが生まれ、カルトブランドへと近づくのである。

▼象徴

ブランドを象徴とみなす考えがある。カルトブランディングにおいても、象徴は不可欠な存在だ。象徴を2つに分類してみよう。

まず、「○○の象徴」のように、何かのシンボルとしてのポジションを意味するものである。「反体制の象徴」「平和の象徴」「若者文化の象徴」など、象徴という語句は様々な使われ方をする。

象徴としてのポジションを獲得した時、ブランドは関係する文化や業界におけるシンボル、もしくはアイコンのような存在に昇華する。メディアに取り上げられることも増え、

ブランドの認知度は一気に高まる。信者獲得のハードルも下がる。

先述の「異端児」としてのポジションを獲得した結果、ブランドが何かの象徴となる可能性が出てくる。もちろん、ブランドの文化と紐づく分野における象徴であり、ブランドにとってメリットはあまりにも大きい。

次に、カルトブランド自身、もしくは信者がとる象徴的な行動を意味するものである。カルトブランドは、自らの理念や思想を広めることに力を注ぎがちだ。しかし、伝えることに注力したところで、人は話を聞いてくれない。

では、どうすべきか。答えは「行動」である。行動によって理念や思想を伝えるのだ。リーダーは背中で語るとよく言うが、理念や思想を行動で表しているのである。

ブランド自身が、ブランドを象徴する音楽や人物を設定することも、ある種の行動である。信者らは、ブランドが示す行動を真似るようになる。それにより、ブランドの文化がより強固なものとなり、ブランドの信者もさらに増えていく。

▼愛

あなたのブランドに愛はあるか。ブランド側がプロダクトに対して抱く愛、そして顧客

やコミュニティーに対して抱く愛の、2つの愛がカルトブランドには求められる。それが最終的には、ユーザーからブランドに対する愛へとつながる。

筆者が考えるに、愛は情熱（PASSION）と思いやり（COMPASSION）に分解できる。ブランドの発起人や従業員が情熱を持って普及に取り組み、かつ顧客に対して思いやりを持つことが、愛なのだ。押しつけがましいブランディングやマーケティングは、愛ではない。そこに思いやりが存在しないからだ。相手の立場やマインドを理解した上で、自分たちの世界観を伝えていくことが求められる。

〝世界で最も強い〟として話題のデス・ウィッシュ・コーヒーのプロダクトには、愛を感じる。様々な種類のコンテンツを発信しているのだが、ブランドに関わる人が、心の底からプロダクトを愛していることが伝わってくるのだ。

スズキのジムニーにも同じことが言えよう。社内にジムニーユーザーが多く、ツーリングに出かけることも多いという。特にサークルや愛好会が存在するわけではないというが、誰かが声をかけると時には20台ものジムニーが集結するというから驚きだ。こうしたブランドの「中の人」たちの愛は、周りにも伝播《でんぱ》していく。

デス・ウィッシュ・コーヒーにしてもジムニーにしても、押しつけがましさは一切な

い。「我々は自分たちのブランドを愛している」。この事実が重要であり、それは自然な形で伝わっていく。もしここで激しい勧誘活動が生じれば、破壊的カルトの香りがしてくる。
反対の視点から見てみよう。例えば、従業員たちが自社ブランドを愛していないとする。ブランドのミッションに共感していなかったり、情熱が注げなかったりする状態だ。すなわち、食べていくため、つまり「ライスワーク」として働いている状態といえよう。もちろん、ライスワークを否定するものではない。しかしながら、それでは「信者」を獲得することはできないのである。

これはショップの店員と話すとすぐに伝わってくる。本当にブランドを愛している店員は、やみくもに商品を勧めるのではなく、かえって客に対し親身になってくれる。愛を構成する「思いやり」のある状態といえる。

一方、ライスワークの従業員の場合、売ることや時間をつぶすことだけが目的となる。商品を強引に勧めてきたり、暇つぶしのためにあまり関係のない話をしたりする。

ブランドへの愛は、接客研修では身につかない。入社後に徐々に醸成されていくことは当然あろうが、最初からある程度ブランドへの愛がある人物を採用することが、最適解なのであろう。

▼コミュニティー

コミュニティーはカルトブランディングと密接な関係にある。カルトブランドのほとんどには、何らかのコミュニティーが存在する。

コミュニティーの定義は広い。ハーレーダビッドソンのように、ブランド自らがコミュニティーを管理することもあるし、顧客らが自分たちで立ち上げ、かつ自分たちで管理・運営する場合もある。

後者についても、フェイスブックにページを立ち上げてその中で情報交換するだけのものもあれば、会則を設けたりイベントを主催したりと、組織立って活動するものもある。また、仮に明確な組織がなくとも、SNSや掲示板でファンらが活発にブランドについて言及しているのであれば、それをコミュニティーと呼べなくもない。ただし、カルトブランドのコミュニティーは、はっきりと可視化されたものでなければならない。

ブランドとしては、コミュニティーと常にコミュニケーションを取る必要がある。外国語学習サービス「デュオリンゴ」は、「コミュニティーがビジネスを加速させる」との考えからコミュニティーのサポートに力を注いでおり、世界中で小さなイベントを開催し続けている。スズキのジムニーには「JCJ」（ジムニークラブオブジャパン）と呼ばれるコミュニティーがある。スズキとしてコミュニティーの運営に関わっているわけではないが、4代目のジムニーを開発するにあたって、スズキはJCJからもフィードバックを受けており、つながりは深い。

『The Culting of Brands』では、明確に定義されたコミュニティーを持っていることを、カルトブランドの要件に定めている。また、コミュニティーへの帰属と献身も、カルトブランドの要件に含むと指摘している。

ブランドがコミュニティーをサポートすればするほど、メンバーの帰属意識は高まる。コミュニティーに手をかけて、資源を投入する。そうすれば、帰属意識の高まったメンバーは、ブランドのために自発的に動き始める（これこそが献身だ）。

▼緊張感

カルトブランドには適度な緊張感が必要だ。居心地のいいコミュニティーであっても、メンバーがブランドと接する際は背筋がピンと伸びるような緊張感が求められる。

元敏腕テレビプロデューサーのアンドリュー・デイビス氏は、コンテンツマーケティング関連のカンファレンスで度々登壇する著名人である。筆者も米国でプレゼンを聴講したことがあるが、デイビス氏は「緊張感」の重要性を何度も説いていた。

デイビス氏の代表的なプレゼンが、「ミステリーボックス」を持って登場するものである。デイビス氏によると、何が入っているか分からない「ミステリーボックス」は米国のネット通販サイトに大量出品されており、その「開封の儀」をユーチューブにアップすることが流行《はや》っているという。それらの動画はかなりの視聴回数を稼いでいる。筆者が確認したところ、視聴回数100万回を超える動画が多数存在し、中には数百万回に達しているものもあった。「何が入っているのだろう」という緊張感が、人々の関心を喚起している事例である。

デイビス氏が強調するのが、オーディエンスはとにかく時間がないという点だ。ただし、コンテンツに緊張感を持たせることで興味が持続し、コンテンツに触れる時間が長くなるのだという。人間は、無意識に緊張感を求めているようだ。

プレゼンで、別のある動画が紹介された。スイカにゴムバンドを1つずつくくりつけていく。ゴムバンドの圧でスイカが変形していく。およそ40分後、ついにスイカは破裂した。筆者はプレゼン聴講後、一人で改めて視聴してみたが、徐々に緊張感が高まる動画に釘付けとなった。ユーチューブの中では長い部類に入る動画だが、最後まで視聴した人の割合は極めて高いのだという。筆者にとっても、忘れられない動画となった。

カルトブランドの信者らは、「自分らしくありたい」「自分は他の人とは違う」という思考でブランドに「所属」する。したがって、緊張感のないだらけた雰囲気のコミュニティーであれば、信者は幻滅してしまう。コミュニティーやイベントについては、ある程度の規律やルールを設定して、一定の緊張感を保つ工夫をしよう。

▼聖地

宗教には聖地が存在する。同様に、カルトブランドにも聖地が存在することが多い。

分かりやすい例は、創業の地や創業のきっかけとなった場所である。スポーツ球団であれば本拠地が該当するであろう。アニメやドラマに登場した場所がファンらによって聖地化されることもある。これらを鑑みると、どのブランドにも聖地とできる場所はあるはずだ。あとは、それをうまくカルトブランディングに活用できるかどうかが問題となる。

聖地は、信者の信仰心を高める効果が期待できる。また、聖地を巡礼《じゅんれい》したことを、信者らは様々な場所で周囲に伝える。これはブランドと自らの関わりを示すという、カルトブランドの信者の特徴でもある。

米国のスタートアップは、なぜか自宅ガレージで誕生することが多い（創業のストーリーとしてよく耳にする）。こうしたガレージは、公開されていないとしても、ブランドの信者にとっては聖地といえよう。

国内の球団で言えば、筆者は阪神《はんしん》タイガースのファンである。阪神甲子園《こうしえん》球場は、ファンにとっての聖地だ。初めて訪れた際は、「ついに来ることができた」と興奮を覚えた。

同様に、MLB米大リーグのクリーブランド・インディアンス（球団名変更の可能性が取りざたされている）の本拠地「プログレッシブ・フィールド」（米国オハイオ州クリーブランド）は、ファンにとって聖地である。

筆者が専門とするコンテンツマーケティングの、世界最大級のカンファレンス「コンテンツマーケティングワールド」が毎年クリーブランドで開かれる関係で、何度かホームゲームに足を運んだことがある。米国のスタジアムは、場所ごとに設備やサービスの差が激しい。しかしながら、プログレッシブ・フィールドはこの点申し分ない。

中心市街地から徒歩でアクセスでき、スタッフの感じもいい。「スタジアム飯」は充実しているし、地元クラフトビールメーカー「グレート・レイクス・ブリューイング・カンパニー」の生ビールが味わえる。

ボリュームたっぷりのハンバーガーと生ビールを購入し、自席に戻ろうと外野席付近を歩いていた時、高齢の男性スタッフから手招きされた。早くハンバーガーにかぶりつきたかったので、微笑んで穏便に受け流そうとしたところ、半ば強引にすぐ脇のエリアに誘導された。そこには、歴代のインディアンスプレーヤーの功績が展示してあった。

男性スタッフは「せっかくプログレッシブ・フィールドに来たのだから、しっかりと頭に叩き込んでいきなさい」という趣旨のことを筆者に告げた。観光客目線で訪れていたためうっかりしていたが、「そうかここはインディアンスの聖地なのだ」と納得した。

男性スタッフは常にそのエリア付近におり、観客に対し積極的に声がけしていた。インディアンス愛が感じられた一方で、やや押しつけがましかったのはご愛敬《あいきょう》である。

アニメの舞台となった場所、もしくはアニメに影響を与えたと考えられる場所が聖地となるケースも多い。近年目立った事例だけでも、『鬼滅《きめつ》の刃《やいば》』『ゾンビランドサガ』『ゆるキャン△』が挙げられる。

アニメの信者はなぜわざわざ聖地に出向くのか。アニメの「聖地巡礼」に詳しい「聖地巡礼」ジャーナリストの河嶌太郎《かわしまたろう》氏は、「作中では描き切れていないメタ情報に触れるため」と指摘する。

河嶌氏はアニメの「聖地巡礼」に通じるものとして、ロケ地をめぐる「ロケツーリズム」を挙げる。かつて映画「男はつらいよ」のロケ地をめぐる団体旅行が、数多くツアーとして組まれた。「映画だと寅さんがこういうルートでマドンナに会いに来たけど、実際来てみると近くに花屋がある。ここで寅さんは花を買っていったのではないか」など、単に映画を観ただけでは分からない、現地に行ってこそ分かる考察が可能となり、寅さんファンはこれに喜びを感じる。この精神構造はアニメでも同じなのだという。

アニメにおいても、近年は制作側がロケハンをした上で演出する。実写のドラマであろうとアニメであろうと、大きな差異はないと河嶌氏は説明する。

アニメの「聖地」とは、舞台となった場所のみを指すようにも思える。しかし、河嶌氏はこれに異を唱える。

図6　聖地の例

河嶌氏はその根拠として、昨今の『鬼滅の刃』の「聖地巡礼」を事例として挙げる。『鬼滅の刃』の聖地の一つとなっている、福岡《ふくおか》県太宰府《だざいふ》市にある「宝満宮竈門神社《ほうまんぐうかまどじんじゃ》」。主人公の名前が「竈門炭治郎《たんじろう》」であること、原作者が福岡県出身とされることなどから、ファンの聖地となっている。しかしこれは、制作側が聖地として指定したわけではない。「聖地化プロセス」の発端は、制作側、地域側、ファン主体のコミュニティーの3つがあり、それぞれ形成過程が異なると河嶌氏は指摘する。ただし、どのケースでも「ファンに支持され受け入れられる」ことは必須だ。

カルトブランドに当てはめると、ブランド側、ブランドが立地する地域側、信者らによるコミュニティーの3つが聖地化プロセスの発端となりうる。

ただし、ブランドが支持を集める前に聖地が誕生することは考えにくい。まずはカルトブランドとしての地位を築き、その先に聖地化が待っていると考えるべきであろう。

▼常識を壊す

カルトブランディングに取り組む上では、業界の常識を疑い、常識を壊すことがカギとなる。例を挙げよう。米アパレルブランド「エバーレーン」である。「タブー」とされてきたアパレルの原価を公開したことで注目を集める、サンフランシスコ発のアパレルブランドだ。

製品はサンフランシスコの街角でよく目にするスタイリッシュなデザインで、清潔感が漂う。洗練されたデザインや品質からは、手が届かない価格帯を想起させるが、商品はどれも比較的リーズナブル。Tシャツ20ドル、チノパン58ドルと、他のファストファッションブランドと比較し、やや高いか同水準だ。

ウェブサイトの商品ページを見ると、原価が項目別に細かく公開されている。

例えば、55ドルのパーカーの場合、生地の材料費が12・74ドル、ジッパーなどの部品が1・03ドル、労務費が5・85ドル、関税が3・24ドル、

サンフランシスコの「エバーレーン」店舗

輸送費が0・41ドルの、合計23・27ドルが原価なのだという。その下には小売価格も「55ドル」と表示されており、エバーレーンの利幅が一目瞭然だ。

そしてこれだけでは終わらないのが、エバーレーンの心憎いところ。小売価格の隣には、「これまでの価格」として「120ドル」と書かれている。一般的なアパレルブランドがいくらで販売しているのかを示しているわけだ。決してけんかを売っているわけではないだろうが、「常識を壊す」という点で一貫した姿勢といえる。

筆者は2019年4月、サンフランシスコのエバーレーンの店舗を訪れた。白を基調とした透明感のある空間で、居心地が良い。目が合った店員が笑顔で「ようこそ」と声をかけてくれた。あくまで個人的な印象だが、接客レベルは米国の平均以上に思えた。

陳列された商品に目をやると、グレーのスウェットシャツが目に飛び込んできた。「サンフランシスコっぽさ」のある洗練されたシルエットがシンプルに格好良い。タグには「メイド・イン・ホーチミン」の文字。「ベトナム」という国ではなく、都市を表示しているわけだ。

エバーレーンのECサイトでは、世界中に点在する工場の所在地や従業員数を明記。また、従業員が働く環境について、多数の写真とともに紹介している。写真に収まる従業員らは皆、笑顔だ。

スウェットシャツに袖を通すと、ストレスを感じない柔《やわ》らかな着心地だった。首回りが補強されており、ヨレる心配は当面なさそうだ。「価格は100~200ドルくらいかな」などと考えながら、恐る恐るプライスタグをひっくり返してみると、なんと50ドル。すぐにレジへ向かった。気が付けば、この「ガラス張り」ブランドのファンになっていた。

20世紀のビジネスは、「原価がバレない」ようにすることが何より重要だとされてきた。しかし、隠し事のできない、あらゆるものの「透明化」が進む世の中にあっては、むしろ積極的に情報を出した方がメリットは大きい。消費者からの信頼を勝ち取ることができる。そして、「原価」は、消費者が欲しがる情報の最たるものだ。

エバーレーンの場合、この戦略が今のところうまくいっているように見える。企業のスタンスに、消費者だけでなく従業員も共感し、ファンになっている様を筆者は目の当《ま》たりにした。

しかし、この戦略には注意しなければならない点もいくつか存在する。

まず、原価公開のタイミングを誤れば、消費者からそっぽを向かれる可能性がある。

ある日突然、何の脈絡もなく原価を公開する。そんな企業があった時、あなたはどう思うだろうか。多くの人が、何かしら勘ぐってしまうだろう。突然企業イメージを変えることは難しい。新たに立ち上がった企業やブランドでない限り、よほど明確な企業メッセージとともに原価を公開しなければ、逆効果となりかねない。

もし興味がある方は、ためしに「○○　原価　公開」などとグーグル検索してみるといい。信頼できるページと、そうでないページは、不思議なほど一目で判別できるはずだ。

次に、古い業界であればあるほど、有形無形の「圧力」を受けるリスクがある。利害関係者や介在する企業が増えれば増えるほど、原価の公開には困難を伴う。

エバーレーンはいわゆる「D2C」（Direct to Consumer）のスタイルをとる企業だ。商品の開発から販売までを自社だけで完結させているため、利害関係者が比較的少ない。2011年に生まれた企業という新しいイメージもあり、原価の公開を成長に結びつけることができた、貴重な成功例と言えよう。

このようにハードルが高い側面もあるが、個人的にこの「透明化」は、先行者メリットが大きいスタイルだと感じる。その恩恵を受けられるのは、各業界の「先着1企業様」だけ。なぜなら、同じ業界で2度目の「常識破壊」は通用しないからだ。消費者は「二番煎《せん》じ」としてしか見てくれないであろう。特定の業界で「第2のエバーレーン」を目指すのであれば、残された時間は少ないのかもしれない。

なぜこれまで原価の公開が行なわれてこなかったのか。これに説得力を持って説明できる人がどれだけいるだろう。原価の公開は、真摯にビジネスを展開していることの裏返しだ。何ら後ろめたいことがないことを雄弁に物語っているのである。

「これだけ原価がかかっており、ブランド側の利益はいくらです」と明示することで、消費者としても納得感を持って購買行動を起こせるし、ブランドに対しては「正直だな」という印象を持つであろう。つまり、常識を壊すことでブランドに大きなメリットが生じているのだ。

読者の方々も、ぜひ自社ブランドが持つ「常識」を疑ってみてほしい。果たしてその常識は本当に必要なのか。消費者に不利益を与えていないか。最初に「おかしな常識」に気づいたブランドは、大きなメリットを享受できる。

▼ストーリー

人類はストーリーとともに生きてきた。それは数千年前に描かれた洞窟壁画からも見て取れる。

ストーリーで伝えることで、物事が記憶に残りやすくなる。日本史や世界史の勉強を考えてみてほしい。丸暗記するのではなく、全体の流れをストーリーとして理解することで、何倍も勉強の効率が上がるはずだ。

ストーリーはエンゲージメントを高める。カルトブランドはブランド立ち上げストーリー、ブランドが危機に陥った際のストーリー、顧客との交流のストーリーなど、あらゆるストーリーを持っている。信者らはストーリーに共感し、しばしばプロダクトよりもストーリーを拡散させることに力を入れる。

カルトブランドの信者は「伝道師」としての役割を担うが、単に「このプロダクトは高品質だよ」と伝えたところで、人々の印象に残るとは限らない。そこにストーリーを付与することで、印象に残りやすくなるのだ。

カルトブランドを「信仰の対象」と捉えた時、ストーリーは「神話」とも置き換えられる。宗教はほとんどのケースでストーリーをまとっている。もし、ストーリーがなければ伝道師として活動できないであろう。

カルトブランドのストーリーは、実は後付けでもよい。最初から「これはストーリーになるな」といった下心があっても、それは嘘っぽさを生む。ブランドの経営者や従業員が、がむしゃらにブランドを広めることに取り組んだ結果、ストーリー、もしくはストーリーの素材が生まれるのである。

デービッド・アーカー著『ストーリーで伝えるブランド シグネチャーストーリーが人々を惹きつける』（ダイヤモンド社）は、ストーリーを「現実または架空の出来事や経験を、序盤・中盤・終盤（必ずしもこの順番ではない）に分けて描いた物語《ナラティブ》」と定義している。企業がストーリーテリングに取り組む際、事実をもとに組み立てていくことが一般的だ。しかし、アーカーが指摘しているように、架空の出来事もストーリーとして扱うことができる。例えば、車メーカーのCMの中には、創作されたストーリー仕立てになっているものもある。

架空の出来事を使用していいとしても、もちろんルールはある。アーカー氏は、同書で「シグネチャーストーリー」の重要性を指摘している。ブランドのビジョン、顧客との関係、組織の価値観、事業戦略などを明確化もしくは強化するメッセージを伝える物語を指す。ブランディングにおいては、やみくもにストーリーを生み出すのではなく、戦略にぶら下げる形でストーリーを編んでいく必要がある。

参考となるのが、ジャーナリズム業界のストーリーテリング手法だ。これを米国のマーケティング業界やブランディング業界では「ジャーナリスティック・アプローチ」と呼び、今や一定の市民権を得ている印象である。

例えば、米国のカンファレンス「コンテンツマーケティングワールド」では、毎年多数のストーリーテリング関連セッションが開かれており、必ずと言ってよいほどジャーナリズム業界出身の人物がプレゼンしている。

２０１８年の同カンファレンスのストーリーテリング関連セッションには、元ジャーナリストで現在はクリーブランド連邦準備銀行でライターを務める、ミシェル・パーク・リゼット氏が登壇。「マーケターのように書くのをやめて、ジャーナリストのようにストーリーテリングしよう」と題しプレゼンしている。

リゼット氏は、ストーリーテリングを施したコンテンツのページは、他のページよりも滞在時間が5倍以上長くなると紹介。その上で、ジャーナリスティック・アプローチについて以下のように説明した。

・つつましく正直にいる
・自らが知らないことを認める

・取り上げる産業について学ぶ
・十分すぎるほどファクトチェックする
・「伝える」のではなく「見（魅）せる」

リゼット氏は、これらのジャーナリスティックな心構えを持つことで、ビジネスにおいて最も重要な「TRUST（信頼）」を獲得できると指摘。同時に、以下のように自問自答することが重要だと訴えた。

・なぜこの事柄（問題）を取り扱うのか
・なぜこのストーリーを「今」伝えるのか
・事例はあるのか

リゼット氏はほかにも、「オリジナルストーリーを伝える」「単語・数字・専門事例を用いる」といったことも重要な要素であると紹介した。

筆者の前職は新聞記者であるが、リゼット氏のプレゼンは納得する部分が多かった。記者時代はテクニックや心構えについて考えたことは少なかった。しかし、例えば社会面の「人もの」記事などは、意識せずともジャーナリスティックなストーリーテリングを施していたのだと気づいた。新聞業界が長い時間をかけて培《つちか》ってきた文化やコンテンツ制作工程から学べるものは、まだまだ多いと感じる。

新型コロナウイルスの感染拡大により、オンラインコンテンツの重要性が叫ばれている。現在の状況においては、場合によってはオンラインコンテンツ、つまり非対面コミュニケーションにより、顧客と関係性を構築していく必要がある。信頼を獲得できるジャーナリスティックなストーリーテリングは、コンテンツの制作工数は余計にかかる。しかし、非対面でのコミュニケーションが必須となった今、もはや避けては通れない。

▼ライフスタイル

ほとんどすべてのカルトブランドは、ライフスタイルを売っている。事例でも登場する北米アイスホッケーＮＨＬの「ベガス・ゴールデンナイツ」がいい例だ。

通常、プロスポーツクラブは、レプリカユニフォームやリストバンドといった応援の際に身につけるグッズを開発し、販売する。しかし、ゴールデンナイツは、なんと風呂上がりに身につけるバスローブを開発した。そればかりか、ワイン、シャンパン、バーボンまでオリジナル商品として販売している。これは顧客（＝ファン）のライフスタイルを細かく、正確に設定した産物といえる。つまり、「ゴールデンナイツのある生活」を提案しているのだ。

ライフスタイルを売っているのは、デス・ウィッシュ・コーヒーも同じだ。詳しくは後述するが、プロダクトの売りの一つが「カフェイン２００％」であり、「世界一強いコーヒー」を標榜している。

ブランドのプロモーションビデオには、都市部に住む、朝が弱いクリエイティブ系と思われる人物が登場する。眠そうな顔をしながらコーヒーを飲むと、一気に目が覚めるというストーリーである。ライフスタイルに強く寄せた構成といえる。

スズキのジムニーは、想定ユーザー層の一つとして、街乗りなどで運転を楽しむ「一般ユーザー層」を設定している。ステッカーやカスタムパーツを販売しており、ジムニーのあるライフスタイルを応援する姿勢がうかがえる。

ライフスタイルに寄せることで、ブランドに触れる機会が増える。ブランドに思いをはせる時間が増えれば、エンゲージメントは高まる。ライフスタイルに寄せた訴求は、カルトブランディングにおいて必須なのだ。

▼体験

プロダクトではなく体験を売ることは、カルトブランディングのエンジンになる。先述の通り、椎茸祭もシイタケだしではなく「ホッと一息つく瞬間」を売っている。五感で感じると深いエンゲージメントが生まれる。信者獲得には、体験を提供することが不可欠なのだ。

先述のベガス・ゴールデンナイツも、まさに体験を売るブランドである。以前、本拠地のラスベガスで観戦したことがある。詳しくは第5章で述べるが、ゴールデンナイツほどエンターテインメント性の高い空間を提供するスポーツクラブを、筆者は他に知らない。初めて観戦したにもかかわらず、自分を含めた会場全体が一つになったように感じた。一緒に観戦した日本人の同行者が、試合終了後も「まだここにいたい」と口にしたほどだ(彼も初めての観戦であった)。

カルトブランドと体験は切り離せない関係にある。デス・ウィッシュ・コーヒーはオフラインの場でコーヒーを楽しんでもらうイベントを、各地で開いている。世界中にあるデュオリンゴのコミュニティーでは、頻繁にミートアップを開催している。

店舗においても、体験を提供することができる。b8ta《ベータ》は、最新のガジェットやデバイスなどを体験できる、体験型小売店だ。以前、米国サンフランシスコの店舗を訪問したが、瞑想《めいそう》デバイスから、ラスト1マイルを埋めるという見たことのないモビリティーなど、興味深いプロダクトであふれていた。その多くが実際に体験でき、気づけば長時間滞在していた。なお、b8taの店舗に設置されたタブレット端末で、ニュースレター配信を申し込んだのだが、送られてくる新商品の情報には毎回楽しませてもらっている。

プロダクトではなく、体験を売る。ある種のパラダイムシフトのようにも思えるが、地球上のあらゆるメーカーは、古くからプロダクトを売ってきたわけではない。何らかの課題解決の手段、つまりソリューションを売ってきた。プロダクトを売っていないという点では同じである。

DXが進む一方で、オフライン店舗の価値が見直されているのも、体験の文脈からである。フィリップ・コトラー、ジュゼッペ・スティリアーノ著『コトラーのリテール4・0　デジタルトランスフォーメーション時代の10の法則』(朝日新聞出版)は、リアル店舗が「販売拠点」ではなく「経験拠点」となっていると主張する。

人々は店舗を一種の「娯楽施設」とみなすようになっている。気晴らし、情報収集、楽しい経験を期待して訪問しているのだという。これらはいずれも体験がベースとなっている。また、店舗は自分（消費者）がブランドに所属していることを表現する場でもあり、これも体験に含まれる。

同書は店舗の位置付けが「行かなくてはならない場所から行きたい場所へと変化している」と指摘。店舗を消費者の期待に応える経験ができる場所にすべきであるとした上で、「目的地であれ」と助言する。

いまや「購買行動」は体験とは呼べない。店舗で「気晴らし、情報収集、楽しい経験」をいかに提供できるかがカギとなろう。

▼文化（カルチャー）

カルトブランディングで最も大切なことは、ブランドの文化を守り、顧客のエンゲージメントを高めることにある。カルトブランドは、自分たちで作り上げた文化を持っている。この文化を守ることは、ブランドに課された責務なのだ。

信者は（時に無意識的に）カルトブランドのカルチャーに魅力を感じている。ハーレーダビッドソンの信者は、ブランドのカルチャーが変化した瞬間、信者でなくなってしまうだろう。アップルが競合他社とよく似た思想のプロダクトを発売すれば、信者たちはアップル製品に見向きもしなくなるはずだ。

アパレル業界の衰退が叫ばれているが、理由の一つに消費者から文化が見えづらい点がある。どのブランド直営店、セレクトショップに行っても、既視感のある服が並ぶ。売れ筋商品を並べた結果であろうが、消費者からすれば魅力を感じない。文化をないがしろにした商品開発が続く限り、アパレルブランドの多くは今後も厳しい道を歩むことになるだろう。原点に立ち返り、独自の文化を守っていくことが求められる。

ブランドが作り上げた文化だけでなく、業界の文化を守ることも重要だ。

椎茸祭は原木シイタケ栽培の文化継承を使命だと考えている。おがくずと栄養剤を混ぜた菌床を用いる菌床シイタケは、半年ほどで収穫できる。一方、原木に種菌を打ち込む原木シイタケは、収穫まで1~2年半ほどかかる。手間がかかり効率も悪いことなどから、生産量は減少傾向にある。後継者不足の問題も日本各地で見られる。

一方で、原木シイタケは伝統的な品種で用いられることが多く、また香り高いことから干しシイタケ、つまりシイタケだしに向いている。椎茸祭がシイタケだしを製造・販売することで、原木シイタケの文化が守れるというわけだ。

釣り具メーカーのがまかつは、釣り文化を守るために、各地でイベントを主催し大会を開催している。また、水辺の清掃活動にも会社として主体的に取り組んでいる。社内の合言葉は「来た時よりも美しく」。釣り文化を守るため、動画撮影や試作品のテストで釣り場を訪れる際、必ず周辺を清掃して帰るという。

カルトブランドから文化を排除したら、カルト性は失われてしまう。文化を守り続けることは、カルトブランドに課された使命であり、存在意義の一つなのだ。

▼不変

カルトブランドは「変えてはいけないもの」をいくつも抱えている。イデオロギーはまさにそうだし、文化やブランドイメージもそうだ。場合によっては代表的なプロダクトや戦うフィールドも含まれる。

さすがにイデオロギーを変えるカルトブランドは存在しないと思うが（そう思いたいが）、イデオロギーに反する行動をブランドがとってしまった時、信者は「ああ、私の愛するブランドが変わってしまったんだな」と感じてしまう。結果的にイデオロギーが変わってしまった、との印象を与えるわけだ。信者が「裏切られた」という思考になることは容易に想像できる。

ブランドがロゴデザインを変更することは、よくある。デザインを微調整するくらいならいいが、ロゴに含まれるテキストのフォントやカラーリングがまるっきり変わってしまったらどうだろうか。フォント変更などは特にアパレルブランドでよくあるケースだが、信者らのエンゲージメントはほぼ間違いなく下がる。ブランドロゴのデザイン変更については、よほどの理由がない限り軽微なものにすべきだ。

ブランドにはそれぞれ代表的なプロダクトがある。ブランドの「魂」とも呼べるものだ。もし、そのデザインが一新されたり、販売停止となったりした時、信者はどう思うか。カルトブランドは「本質」を変えてはいけない。本質とは、信者が求めている「何か」である。信者がなぜブランドを選んでくれているのかを理解することで、改悪を防ぐ手立てが見えてくる。

戦うフィールドを変える——にわかには信じがたいが、資本主義はブランドに驚きの行動をとらせることがある。例えば、ブランドが拡大を追い求め、その看板を引っ提げてまるっきり異なる業界やビジネスに乗り込むことがある。しかし大抵それは失敗し、撤退という憂《う》き目を見る。

なぜ失敗するのか。一つは門外漢だからというのがあるし、文脈の整理が難しいというのもある（信者に対し説明がつかない）。もし確固たるブランドがすでにあるのであれば、「本業を2つにしよう」とは思わないことだ。本業にインパクトを与えるのであれば、PR目的で期間限定の飲食店を出店することは選択肢に入るかもしれない。しかし、ビジネスの大きな柱を増やそうとするならば、全く同じブランド名で乗り込むことは得策ではない。少なくとも看板を変えてから進出すべきだ。

大切なものを変えないことと挑戦することは、共存し得る。がまかつは、顧客に歓喜してもらうためにプロダクトを開発している。新しい素材を取り入れることも多い。その結果、失敗することもあるというが、すべては歓喜を生み出すためだ。高品質なプロダクトを提供することを通し、顧客に歓喜してもらう。この軸を決して変えることはない。それを信者らも理解している。がまかつの魂は釣り鈎《ばり》である。社内に1万種類ほどあるという、尋常ならざるこだわりがある。ここも、変わらない部分である。

ポイントは、信者に「それはやってほしくなかった」と思わせないことである。顧客がなぜ信者になってくれたのか、その理由をよく考えてから行動を起こそう。不変であることを、信者は求めている。

▼**共創**

ブランドと顧客がともに何かを生み出す「共創」は、顧客のエンゲージメントを高める上で必須の行為である。「何か」とは、イベントやプロダクト、サービスなどが考えられる。

顧客の声を商品開発に反映させることで顧客全体の満足度が向上する。既存プロダクトを改良する開発の場合、プロダクトの使い勝手はよくなるし、取り入れた「顧客の声」と同じ意見を持っていた顧客は「ブランドが自分のことを理解してくれている」と感じる。

共創による商品開発は、全く新しいプロダクトやサービスを開発する場合にも有効である。デュオリンゴの学習プログラムは、ユーザーによって開発されている。顧客が主体的に関わる共創は、真の意味で顧客がブランドの一員となるものであり、エンゲージメントは一気に高まる。共創の作業に参加した顧客は、信者に近づくのである。

プロダクトだけでなく、イベントもぜひ共創したいところだ。例えばブランドのコミュニティーメンバーとともにイベントを企画することは、有効といえる。

企画に参加したメンバーは、より多くの人にイベントに参加してもらいたいと考え、積極的に告知するであろう。また、大好きなブランドとともに一つの目標に向かって進むという体験は、忘れられないものとなる。

イベントで、参加者らに「ブランドと私」のようなテーマで、ブランド体験やプロダクト利用のティップス（コツやテクニック）を話してもらうことも有効だ。

一人5分程度とし、あらかじめ話してもらう人を指名しておくのがよい。「ライトニングトーク」と呼ばれるものだ。スピーカーはイベント前に話すことを準備し、当日登壇する。これも立派な共創である。

信者は常にブランドとともにありたいと考える。その状態を作り出すための近道が共創なのだ。

◎尖った、独自性のあるイデオロギーを

◎ブランドに関わるすべての人がプロダクトを愛そう

◎信者が伝道師として活動できるよう、ブランドのストーリーを用意する

◎ブランドは「変えてはいけないもの」を抱えている

◎ブランドと顧客の「共創」で顧客エンゲージメントが高まる

summary

第4章

カルトブランドをつくるプロセス

カルトブランド誕生までのストーリーは、カルトブランドの数だけある。しかし、それでは再現性があるとは言いがたい。本章では、筆者が考案したカルトブランドに近づくためのプロセスを紹介する。

▼カルトブランディングに再現性はあるのか？

そもそもカルトブランディングとは普遍的で再現性があるものなのだろうか。ステップに入る前に考察したい。

いくつかのカルトブランドを見ると、カリスマ性のあるリーダーが創業者や経営者も目立ち（アップルのスティーブ・ジョブズもそうだ）、一見再現性がないようにも思える。この先天的なカリスマ性は、当然再現することが不可能だからだ。

しかしながら、「世の中を変えたい」という思い（これがイデオロギーにつながる）が、強力なリーダーシップを生み、後天的にカリスマ性を獲得することはあり得る。すべての出発点はトップの思いであり、ブランドの存在理由を明確にすることこそが、カルトブランディングの第一歩である。トップの強い思いがあれば、その後適切なステップを踏むことで、リーダーシップ、違い、コミュニティーなど、カルトブランドに必要な要素を生んでいく。

カルトブランディングは再現性がある。これが筆者の結論だ。とはいえ、ブランディングの細かい戦術については、業界やブランド規模によって大きく異なる。ケースバイケースであることは言うまでもない。

カルトブランドは信者を導く存在だ。あらゆる宗教を見ても、特定の層だけが信者となっているケースは少ない。トップの強力なリーダーシップがあれば、限定的にペルソナが不要となる場面も出てくる。あくまで限定的に、ではあるが。

ジムニーは、開発時にプロユーザー層をペルソナに設定している。すなわち、プロを満足させる機能性を意識しているのである。一方で、想定ユーザー層は極めて広く設定している。

「ホットウィール」は、1968年より販売されている米ミニカー（ダイキャストカー）ブランドだ。一般にミニカーのペルソナは子供であろう。しかし、ホットウィールが提供するサービスは、三世代が楽しめる仕組みとなっており、世代を超えて愛されている。

さっきはペルソナが不要な場面もあると言ったではないか。矛盾している。そう感じた方もいらっしゃるだろう。しかし、決して矛盾していない。プロダクト開発においてはペルソナを設定しており、一方で想定ユーザー層は幅広く設定するのである。

例えば音楽バンドの場合、自分たちが満足する音楽を追求した結果、コアなファンを獲得したというケースは多いであろう。この場合、ペルソナは自分たちということになる。しかし、結果的にファン層がいくつかに分かれることはよくある。開発時はペルソナを設定するが、常に門戸を開いている。これこそがカルトブランドの成功確率の高まる状態といえよう。

筆者が専門とするコンテンツマーケティングでは、ペルソナを詳細に設定する。「誰にどうやって売るか」を考えるのがマーケティングであり、「誰に」の部分がペルソナとなる。ここに照準を定めるのである。

ペルソナには情報が届くが、それ以外の層には届かないのではないか。こうした不安を抱えるマーケターは思いのほか多い。しかし、筆者の経験則では、ペルソナに情報を届けることに注力すれば、おのずと業界で目立つ存在となる。結果、ペルソナ以外の層はあこがれを抱き、顧客となってくれるという現象が起こる。

想定ユーザー層がいくつかあったとする。各層へのマーケティングが必要であれば、ここで初めて個別に詳細なペルソナを設定していく必要がある。層ごとに一人ずつペルソナを考える。そうしなければ情報の加工方法や配信方法が見えてこない。

しかしながら、第一段階ではこうした作業は必要ない。まずはブランドの存在理由に共感してくれる本当に大切な顧客を見つけ、その客を満足させるプロダクト開発やブランディングに取り組むだけだ。細かいマーケティングに取り組むのは、その後でいい（急を要したり莫大な予算があったりする場合は別だが）。

以降は、カルトブランディングのステップについて紹介していく。すべてのステップで再現性があり、ある種のフレームを提示するものだ。

ただし、本書の目的はカルトブランディングについて理解を深めてもらうことにある。したがって、より詳細に「ＨＯＷ」の部分を突き詰めようとすれば、個別具体的——業種やブランド規模ごと——に一つひとつシミュレーションが必要となる。紙幅の関係で現実的といえず、これについてはまた別の機会に譲りたい。本章ではカルトブランディングの流れを理解していただく程度にとどめ、あとは手を動かして実践されたい。

▼存在理由を明確にする

まず、ブランドの存在理由を明確にしよう。ビジネスの多くは、課題の解決や、よりよい世の中をつくることを目的に存在しているはずである。自社の信条や理念を示すものであり、「ミッション」として企業のウェブサイトに掲載されていることが多い。

ＴＥＤで人気を博したサイモン・シネックは、自著『ＷＨＹから始めよ！　インスパイア型リーダーはここが違う』（日本経済新聞出版）の中で、ブランドはまず「なぜ存在しているのか」という存在理由を明確にすべきといった趣旨の指摘をしている。

一般に「何を」「どのようにして」を意味する「WHAT」「HOW」から考え始めるブランドが多い。メッセージを伝える際も同様である。

例えばメーカーは「我々はこんな機能が付いた製品を、お求めやすい価格で提供します」などとメッセージを発する。こうした広告コピーや宣伝文句が巷《ちまた》にあふれているが、ブランドの存在理由については実は一切説明できていない。これでは誰も共感できない。たとえメーカーであったとしても「私たちは子育て世代を幸せにします」「我々はかつての地球環境を取り戻します」など、明確な存在理由を設定すべきである。

カルトブランディングにおいては、より違いを出した存在理由が求められる。これまで目を向けてこられなかった課題の解決に焦点を当てるのもいいし、世の中の仕組みを変えようとするのもいいだろう。いずれにせよ、多くのブランドが採用しているような、聞こえのいいありきたりのフレーズではだめだ。顧客に響かない。

存在理由に「革新性」があるとなおよい。それは、ブランドの強力なイデオロギーとなる。成功しているカルトブランドは、革新的なイデオロギーを持っている。

存在理由には、大前提として倫理観が求められる。現代においては、企業の社会的責任や持続可能な世の中の実現も意識すべきであろう。

どのように存在理由を設定していくか。ヒントは創業者の思いの中にある。あなたが創業者であれば、創業の経緯をじっくりと思い出してみよう。ブランドマネージャーであれば、創業者から何度も何度も話を聞くといい。

ポジショントークは厳禁だ。情報が透明化する世の中において、嘘は必ず明るみに出る。愛を意識してほしい。社会、地球、顧客、プロダクト。なんだっていい。創業の経緯、もしくはブランド立ち上げの経緯をたどると、必ず何かに対する愛が見えてくる。そこからスタンスを決めるといい。

例えば、がまかつは、創業者の釣りへの愛から始まった。パタゴニアは、創業者が傷んだ岩を見つけ心を痛めたことから、岩を傷つけないクライミング器具を販売するようになった。

存在理由を愛から導き出そう。

▼ペルソナを定める

ブランディングにおいては、ターゲット層を定めることが基本である。架空のターゲットの人物像のことを、ブランディングやマーケティングの世界では「ペルソナ」と呼ぶ。ペルソナを定めることで、誰に対してメッセージを届けるのかをチームとしてイメージでき、ぶれないコンテンツ発信が可能となる。

一方、ペルソナがないブランドはコンテンツに一貫性がなく、「なんだかよく分からないブランド」という印象を持たれてしまう。

例えば、ブランドのウェブ担当者とカタログ担当者の間でイメージが統一できていなければ、全く異なる雰囲気のウェブサイトとカタログになってしまうことが起こりうる。

ＢｔｏＣのブランドについては、ペルソナはまず一人であることが望ましい。全く異なるペルソナが二人以上いると、トンマナがぶれてしまう。

ブランドが拡大するにつれてペルソナを複数設定することはよくあるが、慎重になりたい。プロダクトに無駄な機能を追加してしまったり、メッセージがぶれてしまったりするリスクをはらむからだ。結果、顧客満足度が低下してしまいかねない。

先述したスズキのジムニーは、３つのターゲット層を設定している。ただし、プロダクト開発においてはこのうちプロユーザー層を満足させることにこだわっており、この段階ではペルソナが一人ともいえる。顧客として取り込みたい層が３つある一方で、開発はプロに対象を絞っているわけだ。

筆者はブランディングにおいて、ペルソナがすべてだと考えている。

ペルソナなきブランディングは、失敗する可能性が高い。ブランディングやマーケティングに取り組む際は、いかなる業種においても、粒度はともかく、ある程度のペルソナ設定が必須である。

筆者はかつて、都内にある商業施設のブランディングに関わっていたことがあるが、その際も詳細なペルソナを設定した。業種は関係ないのである。ちなみに、米国には「ペルソナ設定の専門家」なる人物がいるほど、奥が深い分野といえる。

ペルソナは、3つのステップで設定していく。すなわち「属性」「ライフスタイル」「悩み・思考」である。

属性は、名前、年齢、性別、職業、居住地、家族構成、年収、趣味などペルソナの基本的な情報である。イメージに近い顔写真もしくはイラストも欲しいところだ。

ライフスタイルは、どういった生活を送っているのかを、ＢｔｏＣの場合は平日と休日それぞれ、朝起きてから寝るまでを描写していく。どのタイミングで、どのようにしてブランドの情報に触れるのかをイメージしていく。

最後は悩み・思考である。ペルソナがどういった悩みを抱えているのか、どういった思考なのかを、吹き出しに入れるイメージで列挙していく。悩みを解決するのがこのブランドやプロダクトである、もしくはそういった思考（自己実現したいなど）に寄り添うのがこのブランドやプロダクトである、ということを伝えなければならない。

ペルソナの粒度についてはケースバイケースであるが、細かく設定するのが一般的だ。ペルソナは架空の人物像であるため、名前を含めすべての項目については実在する人物のものではない。ただし、ファクトに基づいて設定していく必要がある。

ファクトとは、例えば既存顧客そのものが考えられる。普段、顧客と接している販売員にヒアリングするのもいいだろう。ほかに、アンケート調査をしたり、ＳＮＳの声を拾ったりすることも多い。オンラインのユーザー行動を解析することも有効である。

付箋《ふせん》に情報をどんどん書いていくワークショップ形式でペルソナ設定を進めると、社内の熱量が高まるのでおすすめだ。なお、この段階で詳細なペルソナ設定が難しいのであれば、ターゲット層のみを設定しておき、後で出てくるカスタマージャーニーの作成の直前でペルソナ設定をするのもいいだろう。

▼ストーリーを組み立てる

顧客のエンゲージメントを高めるためには、ストーリーが必須だ。やみくもに組み立てていくのではなく、ブランドの存在理由を伝えるためのストーリーとすべきである。目的意識を持って取り組もう。

ペルソナを登場させさえすればいいというわけではない。いくら顧客層に近いペルソナを登場させて主人公にしたところで、ブランドの存在理由が伝わらないストーリーでは無意味である。ストーリーに触れた顧客が「ああ、この人の気持ちなんとなく分かる」と主人公に共感したとしても、そこから信者になる可能性は極めて低い。

目的がぶれなければ、ストーリーは複数考案してもよい。ストーリーテリングコンテンツの形態をどうするかは、些細な問題だ。ペルソナのライフスタイルや嗜好に合わせて、必要とあらばビデオやインフォグラフィックといったコンテンツ形態に加工すればいい。

ストーリーの素材は、創業のエピソードやブランドの危機、顧客との交流などがオーソドックスだ。事実に基づくものが理想だが、顧客が納得する形で、一部にフィクションを入れることはよくある（ＣＭやカタログなどでよく見られる）。ただし、１００％事実であるかのように伝えるのは当然ＮＧだ。

ブランドの歩みを時系列でただ並べただけのコンテンツは、ストーリーと呼べない。ストーリーに加工する作業は必須である。

新聞の社会面に掲載される「人もの記事」を思い出してほしい。ある人物やブランドの歩みを、ストーリー仕立てにして紹介している。これこそまさにストーリーテリングコンテンツである。事実を集め、それをストーリーへと仕立てていくのである（新聞の場合は一部でもフィクションが入ることはご法度）。

▼タッチポイントを探る

続いて、タッチポイントを探っていく。タッチポイントとは、ブランドと顧客や潜在顧客との接触点である。タッチポイントを明らかにした上で、いつ、どのようにして、どういったコンテンツを届けるのかを考える。適切なタイミングで、適切なコンテンツを、適切な人に届けることを目指す（これはコンテンツマーケティングの基本的な考え方でもある）。

タッチポイントは、オンラインとオフラインの双方で考える。オンラインであれば、例えばSNSやメール、ウェブサイト、オウンドメディアなどが考えられる。オフラインであれば、イベントや店舗、店頭のポスター、顧客が所有するプロダクト自体などが想定される。オンライン・オフライン問わず、口コミも重要となる。

あえて「広告」を入れなかった。先述の通り、マス広告に頼り切ることはブランドを負のスパイラルに陥れる。広告の使用については、一通り戦略を作り上げた後の、最後の最後で検討すればいい。ペルソナのライフスタイルを考え抜いた結果、顧客層がよく使っているプラットフォームが見つかるかもしれない。ファクトベースで、ピンポイントかつ最小限に広告を使用すればいい。

ここで重要なことを指摘しておきたい。必ずしもすべてのタッチポイントに投資する必要はない。短期間で一気にカルトブランドとしての地位を得たいのなら別だが、多大なる人的、金銭的リソースが求められる。最悪なのは、すべてのタッチポイント（＝施策）に投資した結果、大きな効果が得られないケースである。

カルトブランドを目指すのであれば、業界やカテゴリーにおいて抜きん出た存在となる必要がある。莫大な予算を投下した結果、どれも平均的な結果しか得られなかったならば、カルトブランドにはなれない。どんなに多くても最初は3つ程度のタッチポイントに絞るべきである。

例えば、がまかつは、オンラインではユーチューブとフェイスブックという2つのタッチポイントを選択している。同社関係者によると「顧客のライフスタイルを分析した結果」という。

筆者の経営する会社では、2019年までメールマガジンとイベント開催に振り切った戦略を採用していた。結果、コンテンツマーケティングの分野では、一応の認知を獲得している（と思う）。広告をかけることもほとんどないが、それでも会社は回っている。

まずは1つか2つのタッチポイントを支配しよう。他のタッチポイントにも投資するのは、その後でいい。

▼コミュニティーをサポートする

顧客が増えてきたタイミングで、コミュニティーのサポートに力を入れよう。コミュニティーの力を借りなければ、カルトブランドとなることは難しい。カルトブランドは「コミュニティードリブン」な存在なのだ。

規模の大小はともかく、何らかのコミュニティーを見つけたら、ブランド側から積極的に働きかけるべきである。そして、全面的にコミュニティーをサポートするとの姿勢を明確に示したい。

例えば、ブランドとは何ら関係ないファンらによる小規模コミュニティーが、ブランドのロゴを一部入れた非営利の交流イベントを企画したとする。その情報をブランドが知った時、どういった行動をとるべきか。「許可なく商標を使わないでほしい」と切り捨ててしまえば、そこで終了だ。

「勝手に使うなんてけしからん」と考えるのか、「コミュニティーとつながるチャンスだ」と考えるのかで、ブランドが成長するか否かが決まる。チャンスをつかみ取りたい。

先ほどのケースでは次のように対応すべきだ。「素晴らしいイベントを企画してくださりありがとうございます。ブランドとして協賛、後援などのサポートをさせていただきたいと考えています。ところで、ロゴについてはこちらから画像データを提供しますので、こちらをお使いください」。ファンらは対応に感激し（エンゲージメントが高まり）、一気に信者となる可能性すらある。

ただし、コミュニティーの方向性がブランドと相いれないものならば、断固とした対応をとってもいい。あくまでブランドの存在理由に共感してくれるコミュニティーを選ぶべきであることは、言うまでもない。

コミュニティー内には、コミュニティーを活性化させてくれる存在があるはずだ。コミユニティーを管理するコミュニティーマネージャーと呼ばれる人もそうだし、イベントに積極的に参加してくれたり、発言してくれたりするメンバーもそうだ。そうした人々は、オンライン、オフラインの様々な場でブランドと自らとの関わりを示してくれる。つまり、信者の可能性が高く、ブランドとしては特に密にコミュニケーションを取りたい。一緒にイベントを企画するのもいいし、新プロダクトの試作品のフィードバックをもらうのもいいだろう。これこそまさにカルトブランディングで必要な「共創」である。

▼解析とメンテナンス

ブランド認知や顧客エンゲージメントについては、定期的に効果測定すべきである。いずれの項目も、解析ツール「BuzzSumo」を使うのが便利だ。解析ツールとしては比較的安価なので、強くおすすめしたい。筆者ももちろん契約している（念のため記しておくがツールベンダーとの利害関係は一切ない）。

BuzzSumoでは、各種解析画面においてブランド名を入力すると、ブランド名がどれだけネット記事のタイトルに使われているのかが分かる。それぞれの記事について、フェイスブックやツイッターでどれだけリアクションされているのかも数値化される。

ツイッターについては、記事をシェアしたアカウントまで一覧で表示してくれるほか、プロフィール欄にブランド名を入れているアカウントも一覧で表示できる。

ユーチューブについても、BuzzSumoにブランド名を入力すると、視聴回数やコメント数が一覧で表示される。この原稿を執筆している２０２０年12月、ユーチューブコンテンツの解析画面で「ハーレー」と日本語で入力し、「過去一年」のコンテンツを表示させたところ、数多くの動画がヒットした。ハーレーダビッドソンのバイクにまたがって走る様子や、バイクのメンテナンス法など、ブランドとの関わりを自ら示す動画が並ぶ。

既存顧客やコミュニティーに対するアンケートは、エンゲージメントを測る上で重要だ。遠藤直紀《えんどうなおき》、武井由紀子《たけいゆきこ》著『売上につながる「顧客ロイヤルティ戦略」入門』（日本実業出版社）がアンケート設計の参考となる。すなわち、「親しい人物にブランドをおすすめするか」という切り口のアンケートである。この質問だと、単に満足度を尋ねるよりも、より正確にエンゲージメントを測ることができる。プロダクトの機能やサービス内容、価格などについても質問項目に入れ、満足度を尋ねたい。

アンケート調査については、集まったサンプルについて統計解析を行ない（簡単な解析はエクセルで行なえる）、力を入れるべき項目を明らかにする。自由記述欄も必ず設ける。

図7　カルトブランドをつくるプロセス

その一　存在理由を明確にする

↓

その二　ペルソナを定める

↓

その三　ストーリーを組み立てる

↓

その四　タッチポイントを探る

↓

その五　コミュニティーをサポートする

↓

その六　解析とメンテナンス

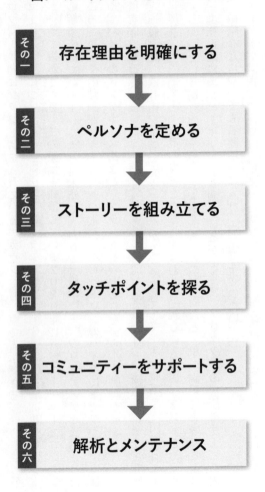

自由記述は単に一つの意見かもしれない。クレームが寄せられることもあるかもしれない。しかし、すべてが貴重な情報である。

筆者の知人に、アルコール飲料メーカーでお客様相談室長を務めた経験のある人物がいる。この知人はかつて「我々はクレームという言葉を使わない。お客様から厳しいご意見をいただくこともあるが、それらはすべて『ご指摘』であり、品質向上につながるものだと考えている」と語っていた。顧客エンゲージメントを高める上で、重要な視点だといえる。

解析結果は、ブランドが正しい方向に向かっているか否かをはっきりを示してくれる。場合によっては、ペルソナや戦略、戦術のメンテナンスが必要となるかもしれない。決して一度立てた戦略に固執することなく、勇気をもってＰＤＣＡを回そう。

ただし、ブランドの存在理由、つまりブランドの原点を忘れてはならない。この部分にメスを入れることとは、ブランドの文化を守るというカルトブランディングの大原則に反している。大切なものは守りつつ、顧客のエンゲージメント向上に努めたい。

◎ブランドの存在理由を明確にする
◎架空のターゲットの人物像である「ペルソナ」を定める
◎ブランドの存在理由を伝えるためのストーリーを組み立てる
◎顧客、潜在顧客との接触点であるタッチポイントをオンライン、オフライン両面で探る
◎ブランドに共感するコミュニティーに積極的に働きかけ、サポートする
◎ブランド認知や顧客エンゲージメントについて定期的に効果測定する

summary

第5章

先端ブランドのケーススタディー

国内外のカルトブランド事例について解説する。本章を通してカルトブランディング、カルトブランドの具体的イメージを持っていただきたい。

▼（1）スズキのコンパクト4×4「ジムニー」
――伝統を守り、進化を続ける偉大なブランド

日本自動車殿堂「歴史遺産車」に選ばれた初代ジムニー
（スズキ株式会社提供）

２０２０年に発売50周年を迎え、これまでに全世界１９９の国と地域で累計３００万台を販売している車がある。スズキの本格的な軽四輪駆動車・ジムニーだ。

初代ジムニーは１９７０年4月に発売。当時の軽自動車としては唯一の四駆であり、山間部や積雪地における重要な交通手段などとして活躍してきた。２０１８年に4代目となる新型が発売されたが、その人気は衰えを知らない。

なお、初代ジムニーは、日本の自動車の歴史に優れた足跡を残した名車を選定する日本自動車殿堂「歴史遺産車」に選ばれて

いる。

1981年5月にフルモデルチェンジした2代目ジムニーは、実用車のイメージであった初代から、スタイリッシュなイメージへとデザインを一新したことから、幅広い層に支持された。2代目、そして1998年10月に誕生した3代目ともに、今でも中古車市場に数多く出回っており、街乗り用途としても愛用されているのをよく見かける。

ジムニーは信者を抱えるブランドである。新型ジムニーが取材時点でも納期待ち1年という状態が続いていることからも、よく分かる。

2代目についても、「これ以外乗らない」と口にするユーザーもいるほど、熱烈な支持を集めている。一体、なぜこれほど支持されているのか。そのヒントを探るべく、まずは現役のユーザーに話を聞いた。

今回インタビューに応じてくれたのは、福岡市在住の西山秀三さん（仮名）38歳。西山さんとジムニーとの出会いは、大学時代にまでさかのぼる。当時、実家から大学までの通学のために車が必要だった西山さんは、アルバイト代を貯めて2代目のJA11のブラックカラーを中古で購入した。四角いフォルムと、軽自動車というサイズ感にほれ込んだという、「他の車は選択肢に入らなかった」と振り返る。

西山さんは、趣味でバンド活動を行なっていた。担当はウッドベース。全長200センチ近くの大きな楽器だが、ジムニーの助手席を倒すことで、荷室から助手席にかけて積むことができた。西山さんは「軽自動車にもかかわらず荷室に十分なスペースがあり、極めて実用的」と評価する。

西山さんは大学卒業後、就職と結婚を経て子供を授《さず》かる。ジムニーはファミリー向きの車ではない。西山さんは泣く泣く手放し、ミニバンを購入した。

しかし、「ジムニーを所有したい」という思いを抑えきれず、子供が成長した頃合いを見計らって、2016年に再びJA11を中古で購入する。購入時の価格は走行10万キロで55万円。「状態がいい2代目にしては手ごろな価格だった」（西山さん）という。とはいえ大きく値崩れしないということは、それだけ需要があるのだろう。

「信者」を自任する西山さんに、ジムニーの一番好きなところを尋ねると、「無骨なデザイン」と言い切る。一方で乗り心地については「自分が乗っている2代目は正直言ってあまりよくない」と苦笑するが、「乗っているだけで楽しい」と魅力について熱く語る。

ジムニーから得られるものを尋ねたところ、「優越感」と一言。「とにかく見た目がカッコいいし、軽で四駆というポジショニングも素晴らしい。他にない車だから乗っていると優越感を覚える」と言い、これからもずっとジムニーシリーズに乗り続けるつもりだという。

ここまで熱狂的な信者を抱えるジムニーは、どのような思想で設計されているのか。スズキに取材を申し込んだところ、新型ジムニーの開発責任者である米澤宏之《よねざわひろゆき》チーフエンジニア（ＣＥ）が快く取材に応じてくれた。

米澤ＣＥによると、新型ジムニーの開発コンセプトは「本格的な４ＷＤ性能と無駄のない機能美を併せ持つ世界に認められるコンパクト４×４」。

開発にあたっては、ユーザーに限らず幅広い層に対しヒアリングを行なったという。その結果を受け、新型ジムニーの想定ユーザーとして３つの層を設定した。

ジムニーの性能を最大限活用する「プロユーザー層」、生活の中でジムニーを使用している「日常ユーザー層」、ジムニーにあこがれをもっている「フォロワー層」である。

これら３つの層は、具体的なターゲットの人物像を意味する「ペルソナ」に該当する。

ペルソナは３層を設定する一方で、開発の際は「プロユーザー層を満足させること」に焦点を当てた。

ジムニーは世界的に見るとプロのユーザーが多い。

例えば、欧州ではハンターや森林保全のプロが愛用。豪州では広大な農場で使用されている。各国で、プロたちが「仕事の相棒」として使用しているわけだ。

デザインは、専門家が愛用する「プロの道具」をコンセプトに、機能に徹した飾らない潔《いさぎよ》さを追求することに決めた。機能性を追求した結果、四角いフォルムが誕生した。米澤CEは「プロの使用シーンを明らかにした上で、それを機能やデザインに落とし込んでいった。そうすることで、結果的に幅広い層から支持が得られると踏んだ」と振り返る。狙いは当たった。新型ジムニーは、プロユーザー層だけでなく、3層から支持を得たのだ。

プロユーザー層に照準を合わせた結果、フォロワー層の取り込みにも成功する例は、カルトブランドでしばしば見られる。高機能なミラーレス一眼レフカメラや、潜水にも耐えうる高級腕時計が該当する。高機能が本当に必要かはさておき、「プロの道具」にあこがれを抱くフォロワー層が生まれるのだ。

米澤CEはインタビュー中、繰り返し「ジムニーは顧客に育ててもらった」と口にした。米澤CEがかつてイタリアのディーラーを訪れた際、ブドウ畑の細い坂道でジムニーが使用されていると聞かされた。現地では、ディーラー主催で顧客を招いたイベントが開

JA11（上）と
新型ジムニー（右）
（スズキ株式会社提供）

催されていることも、この時知った。

　イベントの写真を見ると、会場中央には古い型のジムニーが展示されている。ジムニーが地域に根付いていること、そして顧客に愛されていることに、米澤ＣＥは感謝の気持ちでいっぱいになったという。このことは、米澤ＣＥが「ジムニーは顧客に育ててもらった」と思うに至った、原体験の一つとなっている。

　カルトブランディングにおいて最も大切なのが、顧客のエンゲージメントを高めることと、ブランドの文化を守ることである。前者について、ジムニーが成功していることは理解できた。では、後者はどうか。

　米澤ＣＥは、新型ジムニーについて「機能性を追求した結果の（新しい）デザイン」と説明するが、伝統を継承することも忘れてはいない。丸型のヘッドランプや灯火類を囲ったグリルデザインなど、「ジムニーの普遍的な価値」を象徴する意匠を採用している。ラダーフレームや4WDなど、ジムニー伝統の車体構成も継承していることは言わずもがなである。つまり、ブランドの文化を守ることについても徹底しているわけだ。

第3章で紹介したカルトブランディングのキーワードで見ると、ジムニーには「愛」も感じられる。米澤CEによると、サークルや同好会というわけではないが、社内にはジムニーユーザーが多く存在する。誰かが「今度ツーリングに行こう」と呼び掛けると、すぐに10～20台が集まるという。2～4代目（新型）まで所有車

図8　新型ジムニーの想定ユーザー

はばらけており、皆ジムニーを愛していることが共通項だ。

ブランド側がまずはプロダクトを愛する。この愛が、3層のターゲット層にも伝わっていることは言うまでもない。伝統を守り、進化を続けるジムニー。米澤CEのインタビュー後、筆者もジムニーにあこがれを抱くようになってしまった。フォロワー層の仲間入りである。

▼(2) 釣り具ブランド「がまかつ」――顧客と向き合い続けて生まれた高いエンゲージメント

「がまかつ」は、釣り人があこがれを抱くプロダクトを世に送り出し続けている、日本の釣り具ブランドだ。

特徴的な赤と黒のカラーリングの竿《さお》は、釣り場となる磯で視線を集める。高価格帯の商品も多いが、品質と使い勝手のよさで釣り人からの信頼は厚い。「がまかつ」や「Gamakatsu」と書かれたステッカーが、車に貼ってあるのを見たことがある方も多いだろう。

熱狂的なファンのことを「がまラー」と呼び、これはカルトブランディングで言う信者に相当する。がまラーは世界中に存在し、ブランドがグローバルに人気を獲得していることの証左である（一方で、アジア圏を中心にがまかつ製品を模倣《もほう》した品が流通するなど、人気ブランドならではの悩みもあるが）。

がまかつが誕生したのは１９５５年の春。兵庫《ひょうご》県西脇《にしわき》市蒲江（「がまえ」と書いて「こもえ」と読む）において、釣り鈎メーカーとして産声《うぶごえ》を上げた。名前の由来は、「蒲江の繁克《しげかつ》」。創業者である藤《ふじ》井《い》繁克氏が、将来世界のどこに行っても自分のルーツを忘れないようにとの意志を込めて名付けた。

当初は他メーカーから鈎を仕入れて商売をしていたが、強度に不満があった。「ならば自分で作ろう」と、鈎の熱処理研究に没頭すること約３年。借金を抱えながらも、画期的な熱処理方法の開発に成功した。１９６４年の東京五輪の数年前のことだった。

当時、大阪〜東京は夜行列車で12時間かかっていた。しかし藤井氏は「今に東京は近くなる」と口にし、ほとんど誰も営業に行っていなかった東京へと向かった。時には公園で

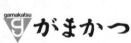

がまかつのロゴ
（GAMAKATSU PTE LTD 提供）

野宿しながら鈎を持って回ったこともある。努力の芽が出たのは新幹線開通後。他社に先んじて東京で取引を進めることに成功する。

根っからの釣り好きだった藤井氏。日本各地の釣り名人と釣りを介して友人になり、その土地の釣り方や仕掛けを教えてもらった。その経験が商品作りに生かされた。このエピソードは今もがまかつ内で語り継がれている。

「カリスマ性のある繁克氏は、人を惹きつける魅力と高いリーダーシップの持ち主だった。がまかつの文化は創業者の人柄によって形作られており、それが今も息づいている」と同社関係者は語る。

がまかつが支持される理由の一つに、顧客の期待に応え続けている点が挙げられる。ユーザーは、がまかつの品質に期待を寄せている。これに応えるべく、がまかつはプロダクト開発について一切の妥協を許さない。

例えば、試作品は必ずフィールドテストする。がまかつの広報を担当する村松将年《むらまつまさとし》氏は、竿に「70」と書かれているのを見たことがある。70本目の試作品を意味する番号だ。つまり、一つの商品を開発するのに70回もの試行錯誤を加えているのである。村松氏は「ものによっては１００本を超えることもあるはず」と証言する。

竿だけでなく、鈎へのこだわりも生半可《なまはんか》なものではない。鈎はがまかつ誕生のきっかけともなったプロダクトで、ブランドにとって特別な存在だからだ。

例えば、「トップレスコート」と呼ばれる技術がある。鈎に餌と似た色をつけることで、水中で目立たなくなる。結果、魚が食いつきやすくなるのだが、塗装によって鈎先の鋭さが鈍くなることがある。

これを解決するべく、がまかつは鈎の先端のみ塗装を避けるトップレスコートを開発した。時間も手間もかかるが、顧客の期待に応える姿勢が生んだプロダクトといえよう。

なお、同社関係者は「鈎の正確な数はよく分からない」と言うが、色違いを含めるとがまかつには約1万種類のラインアップがあるといわれている。顧客の期待に応えて増えていったのだが、気の遠くなるような数字である。

顧客のエンゲージメントを高めることは、カルトブランディングの基本である。しばしば「顧客満足度の向上」と置き換えられるが、厳密にいうと説明が不十分だ。エンゲージメントとは愛着を意味するものであり、単に満足度を向上させるだけでは得られないものである。

がまかつでは、顧客の満足に重きを置いているわけではない。満足の先にある「歓喜」

を目指しているという。

顧客を歓喜させる――。あまり聞かないフレーズであるが、このラインに到達できれば、顧客は信者となるであろう。これはカルトブランドを目指す上でのヒントとなる。

先ほど「顧客の期待」と書いた。期待をいかに可視化するかはブランディングにおいて重要なポイントである。がまかつでは、ユーチューブにプロダクトの使用方法や、主催する大会の様子を投稿している。動画の数は取材時点で126本に上る。これをフェイスブックページ上で紹介するなどして、拡散させている。その結果、SNS上ではがまかつに関するコメントが蓄積されていき、プロダクト開発の際に参考となる。

オフラインでは、釣具店から寄せられる声を収集している。「釣具店は顧客の生の声が最も集まる場所」（村松氏）といい、がまかつが持つ釣具店とのネットワークは、重要な情報収集のプラットフォームだといえる。

時には釣具店のオリジナル商品を開発することもある。がまかつの営業担当者と釣具店が共同で商品棚のポップを作ることもある。ポップには「この港ならこの仕掛け」といった情報が書かれており、釣り場単位でおすすめの商品を設定する細やかさだ。

ユーザーらによる「がまかつファングループ」（GFG）という、組織化されたコミュニティーがある。公式サイトによると全国11地区、合わせて4000人以上の会員を抱えるという。各地区で釣りイベントや競技会を主催するなど、活発に活動している。

がまかつは、会員証やグッズの製作、ウェブサイトの運営の手伝いという形でGFGの活動をサポートする。GFGを運営する役員はがまかつユーザーらで構成されており、会社として運営に関与しているわけではないが、「ユーザーに釣りを楽しんでもらうためにサポートしている」という。

がまかつは、「大切な部分は変えず、それ以外の部分では挑戦し続ける」という姿勢を貫いている。高品質なプロダクトを通

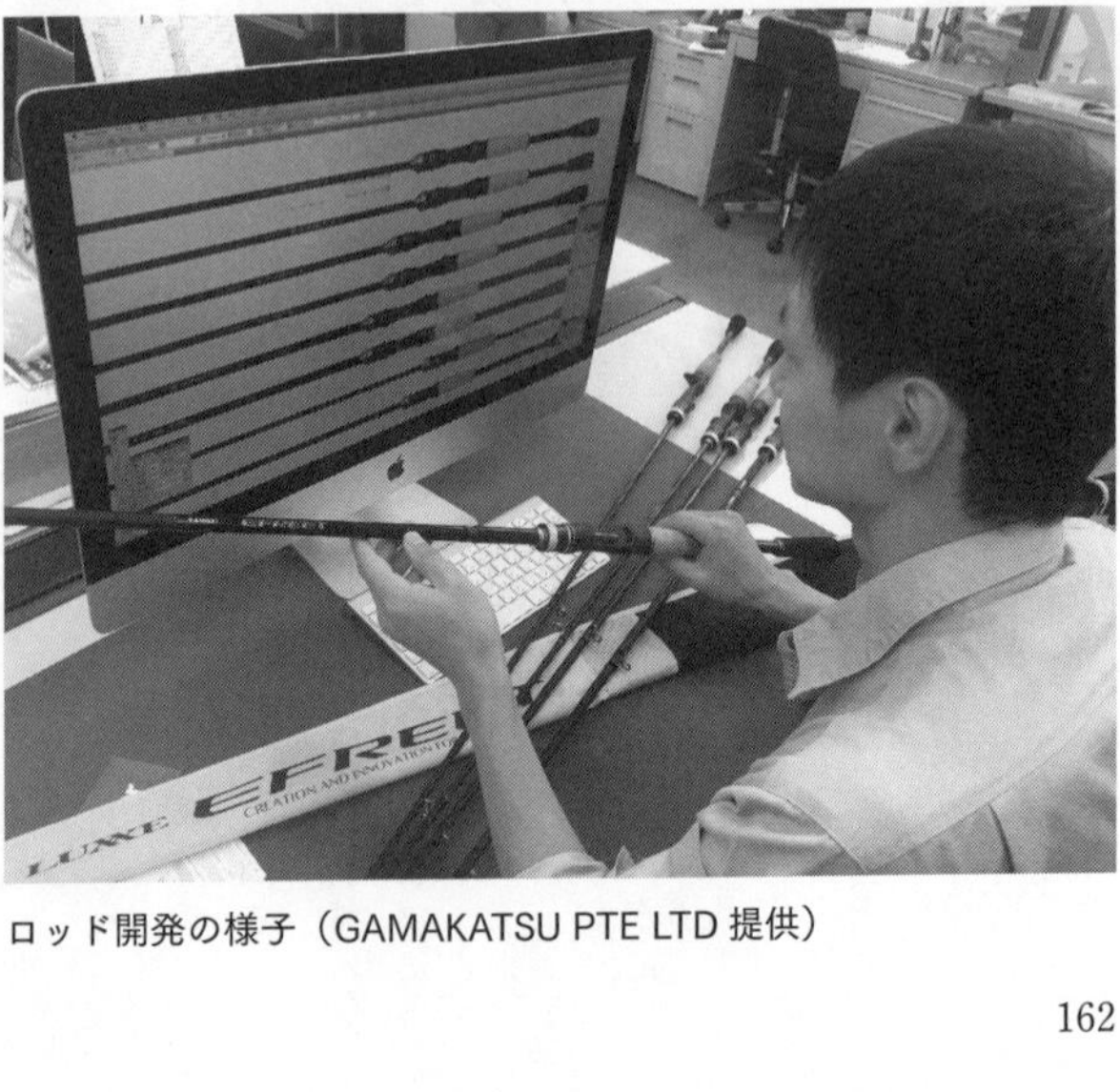

ロッド開発の様子（GAMAKATSU PTE LTD 提供）

清掃活動の様子（GAMAKATSU PTE LTD 提供）

して顧客を歓喜させることを大切にする一方で、社内では「変化に対応できる企業であろう」を合言葉にしている。商品開発において新素材を導入するなど、あくなき挑戦を続けている。

がまかつでは、水辺の清掃活動にも精力的に取り組んでいる。清掃イベントを主催することもある。動画撮影などの際も「来た時よりも美しく」を合言葉に毎回清掃している。

「地球上で環境破壊が広がる中、環境を守り持続可能な状態を作ることは釣り具メーカーの使命だ。それが最終的にはユーザーに長く釣りを楽しんでもらうことにもつながる」（村松氏）

創業者の愛を受け継ぐがまかつは、これからもユーザーを歓喜させるのだろう。

▼(3) 米プロアイスホッケーNHL「ベガス・ゴールデンナイツ」——圧倒的体験により他との違いを生み出す

北米プロアイスホッケーNHLのベガス・ゴールデンナイツは、米国ネバダ州ラスベガスを本拠地とし、世界中にファンを抱えるチームである。筆者もファンの一人だ。

2018年3月、ラスベガスの超満員のスタンドで試合を観戦した。試合開始前やハーフタイムに行なわれるショー。得点時の盛り上がり。そして金と黒を基調としたスタイリッシュなユニフォーム。そのすべてに魅了され、一気にファンになった。プレーが途切れるたびに何かしらの演出が入り、いい意味で落ち着く暇がない。会場に入ってから出るまで、観客を常に楽しませる仕掛けがあった。

一緒に観戦した友人は、試合終了直後に「スポーツ観戦というよりエンターテインメントだ」と興奮気味に話した。本書執筆にあたって改めて友人に当時を振り返ってもらうと、「試合中はずっと会場の一体感を感じていた。観戦後も高揚感が続き、この場を離れたくないという気持ちになった。もう一度体験したいと今でも思っている」と述べた。アイスホッケーはあまり詳しくないという友人だが、どうやらファンの入り口に立っているようだ。

ゴールデンナイツについては、ザ・ギャザリングにおいて取り組みが紹介されていた。セッションに参加して初めて知ったのだが、ゴールデンナイツのチーム名とロゴが発表されたのは、なんと2016年11月。そのわずか1年数カ月後にスタンドが満員となり、熱狂的なファンが生まれていたことに驚いた。

ゴールデンナイツは、圧倒的な体験を提供することで違いを出している。カナダのサーカス劇団「シルク・ドゥ・ソレイユ」にエンターテインメント面で協力してもらったり、開場時にカウントダウンするイベントを毎回実施したりと、観客を楽しませることへの努力を惜しまない。

筆者はMLB米大リーグや米プロフットボールNFLも観戦しているが、ゴールデンナイツのエンターテインメント性、そして体験の質は抜きんでている。「ファンとのエモーショナルなつながりを生む」。ゴールデンナイツが意識していることなのだという。シルク・ドゥ・ソレイユの力もあるのだろうが、観戦は確かに心を動かされる体験であったと感じる。

グッズ開発では、ファンの属性データを分析して、シーズンオフも含めて1年中ゴールデンナイツに触れてもらえるよう設計している。

すでに述べた通りだが、プロスポーツチームの公式グッズは、レプリカユニフォームやキャップ、グラスなどが一般的にもかかわらず、ゴールデンナイツは葉巻やバスローブ、ワイン、ブランデーなどもラインアップ。顧客（ペルソナ）のライフスタイルを詳細に分析した結果であろうが、ここまでピンポイントでグッズ開発できる自信が素晴らしい。顧客のことを完全に理解しているからこそなせる業《わざ》だ。もし、ピントのずれたグッズを出したとしよう。ファンは「そうじゃないんだ」と裏切られた気持ちになるはずだ。

地域に密着した活動にも余念がない。ラスベガスのコミュニティーをサポートするため、基金を設立。教育や健康、若い世代のスポーツといった分野を支援している。また、アイスホッケーに限らず、ラスベガス内の様々なスポーツコミュニティーと交流したり、スポーツ用品をプレゼントしたりもしている。

デジタルマーケティングにも積極的に取り組んでいる。特にSNS戦略には、多大な労力をかけているという。ツイッターやフェイスブック、インスタグラム。こうしたSNSは、日本国内のスポーツチームも今や当たり前のように活用しているだろう。しかし、ゴールデンナイツはこれらに加え、動画アプリ「ティックトック」を他チームに先駆けて運用。ライブストリーミング配信プラットフォーム「ツイッチ」も積極的に活用した。他に、各SNSのスペイン語専用アカウントを開設したり、中国版ツイッターと称される「ウェイボー」のアカウントを運用したりと、多言語化にかじを切っている。これらの取り組みの結果、今ではファンの居住地が100カ国にまで広がっているという。

ゴールデンナイツはメールマーケティングにも積極的に取り組んでいる。筆者のもとには、ゴールデンナイツからのニュースレターが届く。ある日届いたメールは、ポッドキャスト番組の登録をオファーするものだった。ゴールデンナイツのシンボルカラーである、金と黒を基調としたデザインを踏襲。他の媒体でも一貫してこのカラーリングを用いており、ブランドの世界観を構築するのに一役買っている。メールを見た瞬間、ポッドキャスト番組も聴いてみたいと感じた筆者は、早速ボタンをクリックした。他にも、月次で最新記事を紹介するものや、ビッグプレーを集めた動画を紹介するものなど、スポーツ紙やスポーツ番組にも負けない、時間をかけて制作した良質なメールコンテンツが多い。

ゴールデンナイツは認知を高めるため、ブランドやインフルエンサーとのコラボレーションにも積極的に取り組んでいる。米国における〝最も著名な人物〟の力を借りたこともだ。

ラスベガス中心部には、ニューヨークにある「自由の女神」のレプリカが設置されている。レプリカとはいえ、高さは50メートル近く。筆者も実物を見たが、なかなかの迫力である。

2018年のある日、この自由の女神にゴールデンナイツのレプリカユニフォームを着せるという企画が実行された。強い風に苦戦しつつも、大型クレーンを使い何とか衣装チェンジに成功。女神の衣服が、突然レプリカユニフォームになったインパクトは大きく、NHL公式サイトが当日の模様を紹介したほか、各種メディアでも大きく報じられた。

ゴールデンナイツの担当者は、ラスベガスがスポーツとエンターテインメントの「首都」であるとした上で、「我々はユニークな方法で（地元を）活性化させるために、パートナーシップを使う」と話している。米国における〝著名人〟の中では最も有名な一人に該当するであろう自由の女神とのコラボレーションは、まさにエンタメの「首都」に根差したチームだからこそのアイデアといえる。

ブランディングのお手本のような事例のゴールデンナイツ。ブランディングで最も重要な要素について担当者は「違っていること」を挙げる。

試合会場の外もお祭り騒ぎだ。「体験」はここからすでに始まっているといえる

葉巻付きのチケットを販売したり、ＶＩＰファン向けのアウェーツアーを企画したりと、他のＮＨＬチームとの「違い」を出すことで、信者獲得に成功している。

しかし、単なるポジショニング分析に基づいて算出した違いではない。彼らは、ラスベガスが持つ文化を大切にし、顧客のエンゲージメントを高めようと試みた結果、「他とは違ったチーム」になっただけのことである。地元の文化を大切にすることで、一貫性のある、人々の心に刺さる文脈が完成したのだ。

「ブランディング」と聞くと、築き上げるまでに長い時間がかかるように思える。しかし、ゴールデンナイツの事例を見ると、必ずしもそうとは限らないようだ。文化を大切にし、顧客のエンゲージメントを高めるという正しいプロセスを踏むことで、信者獲得までの時間を短縮できる。

「この世に存在するすべての宗教はもともと新しかった。例外はない」

ザ・ギャザリングのキーノートで、こんなフレーズが紹介されていた。そう、どんなブランドであっても、これからカルトブランドを目指すことは可能であり、目指す権利があるのだ。

▼(4) 米コーヒーブランド「デス・ウィッシュ・コーヒー」——強烈なイデオロギーが人々を魅了する

絶大な人気を誇り、信者を抱える米コーヒーブランド「デス・ウィッシュ・コーヒー」は、典型的なカルトブランドである。

「デス・ウィッシュ・コーヒー」を訳すと「死を望むコーヒー」となろうか。危険な雰囲気をかもし出すブランド名だが、ロゴマークもなかなかパンクだ。黒の背景にドクロのシンボルが配置されており、「取扱注意」を連想させる。

デス・ウィッシュ・コーヒーの誕生は2012年。ニューヨーク州サラトガスプリングスの小さなコーヒーショップで生まれた。

コーヒーショップ創業者のマイク・ブラウンは、朝に疲れた表情で訪れる客を眺めながら「強く、おいしいコーヒーが必要だ」と考えていた。試行錯誤の末、ロブスタ種とアラビカ種による「完璧なブレンド」の豆を生み出すことに成功。さらに独自に編み出した焙《ばい》煎《せん》技術により「世界最強のコーヒー」が誕生した（公式ウェブサイトより）。

メインとなるプロダクトは、もちろんコーヒー豆である。カフェインの含有量が通常のコーヒーのなんと2倍。一般的なコーヒーは100ミリリットルあたり60ミリグラム含むとされるので、100ミリリットルあたりの含有量は120ミリグラムと推定される。一方で、オーガニック栽培、フェアトレードというこだわりがあり、それはパッケージにも明記されている。

筆者は仕事中、コーヒーが手放せない質《たち》だ。平日は1日に数杯飲んでいる。オフィスのコーヒー豆を切らさないよう細心の注意を払っており、国内外のロースターで直接購入したり、気に入った豆と出会えばネットショップで購入したりしている。好きが高じて、インドネシアのカフェ文化に関する記事を書いたこともある。

様々なコーヒーと出会ってきたが、デス・ウィッシュ・コーヒーのように尖ったブランドを、筆者は他に知らない。ドクロマーク、異常な量のカフェイン、そしてオーガニック&フェアトレード。強烈なイデオロギーを感じるブランドだ。

商品のパッケージには、こう書かれている。「世界一強くなければ（※筆者注・強いコーヒーでなければ）全額返金します」。どれほどの自信があるのか、気になった筆者は取り寄せて試してみることにした。

オフィスで豆を挽《ひ》き、ハンドドリップで淹《い》れる。口にした瞬間、濃すぎて驚いた。「世界一強い」は誇張ではない。二口、三口と飲み進めていくうちに覚醒する感覚があり、午後の眠気が吹き飛んだ。その日、仕事がはかどったことは言うまでもない。

味もなかなかどうして美味である。深くローストされた香りが口に広がり、そこから鼻に抜ける。気が付くと、愛用する砥部焼《とべやき》のマグカップが空になっていた。ただ、午後3時に飲んだものの、夜なかなか寝付けなかったことも事実である。「世界一強い」の名の通り、カフェインはそれなりに強力なようだ。キャッチコピーに偽りなし。当然、返金保証を利用することはなかった。

コーヒーを体験した筆者は、ターゲットが気になった。そのヒントは、ある動画にあった。デス・ウィッシュ・コーヒーのペルソナと考えられる人物が、プロモーションビデオ

（ＰＶ）に登場していたのだ。

なお、ブランドのＰＶにペルソナを登場させるケースは多い。ブランディングの参考となるので、筆者はカルトブランドのＰＶについて積極的に視聴するようにしている。

デス・ウィッシュ・コーヒーのＰＶには、長髪、ひげ面の男性が、寝ぼけ眼《まなこ》で登場する。朝起きてコーヒーを一飲み。すると大量のカフェインにより、一気に目が覚める。そこから猛烈な勢いでスケボーをプッシュして、出勤するというストーリーである。一度見たら忘れられないＰＶだ。

ＰＶから、ペルソナはニューヨーカーで、クリエイティブ職だと推察できる。趣味は間違いなくスケボーだ。尖ったペルソナ設定だが、筆者が二度ニューヨークを訪れた経験からすると、確かにこういった人物が現地には一定数存在する。

カルトブランディングの原則に、「違いを出す」というものがある。コーヒーロースターという、一見レッドオーシャンにも思える業界だが、工夫次第で違いを出すことは可能である。ただし、はっきりとした違いを出すことは必須だ。それにより、特定の層からの求心力を生む。

デス・ウィッシュ・コーヒーは、コンテンツマーケティングにも取り組んでいる。オウンドメディア、ポッドキャスト、オフラインのイベントなど、デス・ウィッシュ・コーヒーは様々なプラットフォームでコンテンツを発信し続けている。

コンテンツマーケティングに取り組むことは、実はカルトブランディングにおいては必須である。また、コンテンツを通じて明確なメッセージやスタンスを発信し続けることは、カルト宗教でも実際に行なわれている（書籍やセミナーなど）。

ブランドが適切なコンテンツを発信することは、信者の「信仰心」を維持させるとともに、新規顧客の獲得にもつながる。逆に、一切コンテンツを発信しないブランドは、信者の維持が難しい。

ブランドのタトゥーを入れる信者が相次ぐほどカルト的な人気を誇るデス・ウィッシュ・コーヒー。先ほど挙げた「信仰心」がタトゥーにつながるのは、なんだか行き過ぎな気がしないでもない。しかし、それだけエンゲージメントが高まっている状態ともいえる。

パンクなイメージを持つデス・ウィッシュ・コーヒーだが、地道な努力の末にカルトブランドの地位を獲得したのである。

▼（5）外国語学習サービス「デュオリンゴ」
——コミュニティーがビジネスを加速させる

デュオリンゴは3億人のユーザーを抱え、「世界ナンバーワン外国語学習法」を自任するサービスである。

コアなファン、つまり「信者」も多く存在する。筆者もアプリユーザーの一人だが、ゲーム感覚で外国語を学習できる点が気に入っている。少しずつ（本当に少しずつ）難易度が上がっていく設計も、人気の秘訣だと感じる。

デュオリンゴはいかにして「カルトブランド」となったのか。ザ・ギャザリングでは、デュオリンゴのコミュニティー責任者であるローラ・ネスラー氏が、「本物のコミュニティーを育てる」と題し、登壇。ブランディングにおける「コミュニティー構築」の重要性について説いた。

ネスラー氏は、かつて飲食店などの口コミ情報サイト「イェルプ」に9年間在籍。13カ国で80以上のイェルプコミュニティー立ち上げに携わった実績を持つ。

何よりコミュニティー構築を重視するデュオリンゴ。それは「コミュニティーがビジネスを成長させる」という考え方に基づくものだ。マーケティング業界には「マーケティングファネル」と呼ばれる概念が存在する。大勢のオーディエンスを集めて、徐々に顧客へと育成していく考え方である。最終的に顧客となるのは、当初のオーディエンスからすると、ごく限られた人数となる。

デュオリンゴは、これとは逆の考え方を採用する。少数のコミュニティーマネージャーの努力によってコミュニティーが拡大していき、最終的に大勢の顧客を獲得するというものだ。ネスラー氏は、この概念を「コミュニティーファネル」と呼ぶ。

ネスラー氏は「消費者はニッチかつ信用に値する本物のマイクロコミュニティーを求めている」と指摘。コミュニティーを維持するために100カ国以上で継続的にイベントを開催していると説明する。

「コミュニティー」はカルトブランディングのキーワードだ。ザ・ギャザリングの別のセッションでは、「信者はそのブランドに『所属』している」という解説があった。つまりブランドのコミュニティーに所属した状態は、信者の要件の一つといえる。

コミュニティーに所属してもらうためには、商品・サービスの質を磨《みが》き続けることが求められる。デュオリンゴはユーザーからのフィードバックを常に収集しており、それがサービス開発に生かされている。顧客の声に耳をすませることは、サービスの質を高めるた

図9　2つのファネル

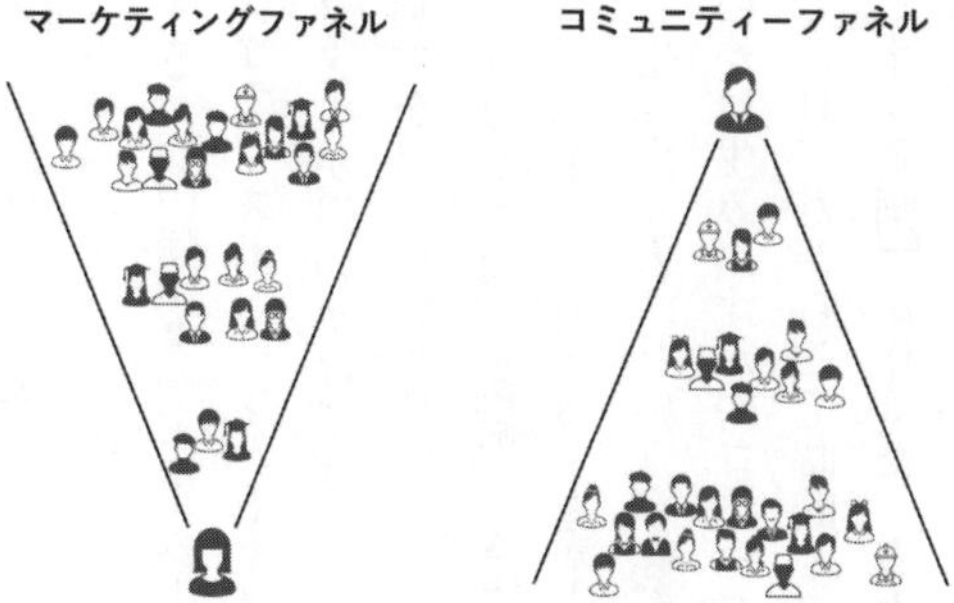

（カンファレンスのスライドをもとに筆者作成）

めに必要な作業といえる。

驚いたことに、デュオリンゴの学習コースはボランティアによって開発されているという。コンテンツがコミュニティー内で次々と生み出されていくのだ。「共に創り上げる仕組みの構築」もカルトブランディングで重視される要素であり、デュオリンゴの「コンテンツの共創」はこれを体現しているといえる。

デュオリンゴユーザーは、ＳＮＳ上でユーザーだけが分かる「内輪ネタ」を投稿する傾向にある。デュオリンゴのアプリでは、しばらく学習していないと学習を促すプッシュ通知が届く。ユーザーはプッシュ通知を「デュオリンゴプッシュ」と呼び、デュオリンゴの公式キャラクターがフクロウであることから「フクロウが追いかけてくる」などと面白おかしく投稿する。

ネスラー氏はこうした「内輪ネタ」のジョークが、コミュニティーの成長エンジンになると指摘する。「内輪ネタ」を生み出すためにデュオリンゴは、スポーツジムやオフィスにまでキャラクターが追いかけてきて学習を促す、「ネタ動画」を自ら作成している。

デュオリンゴは、「内輪ネタ」を投稿してくれるユーザーを「モチベーター」と呼ぶ。「やる気を生み出す人」という意味だ。モチベーターをいかに生み出すかがコミュニティー構築のカギであり、だからこそ時間とコストをかけてまで「ネタ動画」を作った。炎上を避けるためにも「倫理観」は必要だが、日本企業にも参考になる取り組みだと感じる。

デュオリンゴのキャラクターがどこまでも追いかけてくる「ネタ動画」。こうした動画の制作はモチベーターを生み出す取り組みの一つとなっている（デュオリンゴの動画より）

コミュニティーに必要なものとして、ネスラー氏は「目的」を挙げる。ブランドやコミュニティーの「目的」を明確にすることで、より強固なコミュニティーが生まれるという。また、「自治」「習得」「目的」のすべてがそろった時、コミュニティーに「エンゲージメント（愛着）」が生まれるとも説明する。

デュオリンゴの取り組みはどれも労力のかかるものばかりだ。ネスラー氏も「コミュニティー構築はテクノロジーの力に頼るのではなく、とにかく努力することが大切」と指摘する。効率化を追求する昨今の風潮にあって、この発想は興味深い。

人がやらない面倒なことの先に成功がある。この気づきから、先人が残した「急がば回れ」の言葉を思い出す。

▼（6）米二輪車大手「ハーレーダビッドソン」
——ブランドを取り巻くライフスタイル

米二輪車大手の「ハーレーダビッドソン」は、多数の信者を抱える代表的なカルトブランドだ。今や世界中に販売網を拡大。筆者の居住する熊本でも、国道や高速道路を重厚なエンジン音をとどろかせながら走る黒いバイクを目にする。

それにしても、これほど「自由」を強く連想させるブランドもそう多くはない。二度の大戦と世界恐慌、そして1980年代後半の経営危機を乗り越えたハーレーは、米国の歴史とともに成長してきたブランドといえよう。

ハーレーダビッドソンは、1903年に米国ウィスコンシン州ミルウォーキーで産声《うぶごえ》を上げた。創業メンバーはアーサー・ダビッドソン、ウォルター・ダビッドソンの兄弟と、ウィリアム・S・ハーレーの3人。ダビッドソン兄弟の父で大工のウィリアム・C・ダビッドソンが自宅の裏に建ててくれた、10×15フィートの小屋で製造作業が進められた。入り口ドアの上には「ハーレーダビッドソン・モーター・カンパニー」の文字。ハーレーダビッドソンはこうして創業した。ハーレーダビッドソン・モーター・カンパニーが正式に法人登記されたのは1907年。その後、ダビッドソン家の長男であるウィリアム・A・ダビッドソンが加入した（ブロック・イェイツ著『ハーレーダビッドソン伝説』早川書房）。

モーターサイクルジャーナリストの打田稔《うちだねん》氏は、自著『ハーレーダビッドソンの世界』（平凡社新書）で、ハーレーの魅力について「金銭だけでは代えがたいライフスタイルを所有者に与えていく」と説明する。

ハーレーを手に入れた者は、余暇をハーレーとともに過ごす。時には仲間たちとツーリングする。そして、ファッションや生き方もハーレーの影響を受ける。このように、ライフスタイル全般がハーレーの影響下に置かれるのである。

『ハーレーダビッドソン伝説』も、オーナーらはハーレーを取り巻くライフスタイルに共感するとともに、忠誠心を片時も鈍らせることはないとしている。

ハーレーはおそらく、世の中に存在するブランドロゴの中でも、タトゥーとして彫られた数の多さがトップクラスだろう。事実、インスタグラムで検索すると、ハーレーのタトゥーを腕に彫った画像が多数ヒットする。タトゥーを彫る行為は、その良し悪しは別にして、ブランドとの関わりを示すという意味ではその最たる方法といえる。

ハーレーを語る上で避けては通れないのが、「HOG」だ。「ハーレー・オーナーズ・グループ」の略称で、ハーレーのオーナーらが所属するコミュニティーである。

『ハーレーダビッドソン伝説』によると、1983年に米国で誕生。当初から会社が所有、運営するスタイルであった。立ち上げ当初から、メンバーに対しツーリングやモーターサイクルショー、ラリーといった情報を掲載したニュースレターを届けた。「イベント」というコンテンツを企画し、それをニュースレターの形式で届けていたわけだ。

ＨＯＧには現在も様々なメリットやオーナー心をくすぐる仕掛けが用意されており、ハーレーをカルトブランドたらしめている一つの大きな存在といえる。入会すると、まず会報誌やメルマガが届く。また、ロードサービスやカスタマーサービスを受けることができる。マイレージプログラムがあり、走行距離に応じて表彰される。試乗会や講習といったイベントにも参加でき、初心者へのサポートも手厚い。

ハーレーダビッドソンのコミュニティーをより強固なものにしているのが、「チャプター」と呼ばれる仕組みである。チャプターは、地域ごとに作られたマイクロコミュニティーといえる。ハーレーのバイクにまたがり走行する集団があったとしたら、それはおそらくチャプターの集まりだ。グループライディングに週末旅行。こうした企画が頻繁に行なわれており、ハーレーオーナーという共通項で強固な関係が構築されているのだ。

会社の１９９６年度の財務報告は、以下の言葉を見出しに使っている。「伝統」「品質」「情熱」「外観」「音」「感触」「人間関係」「自由」「個性」「ライフスタイル」（『ハーレーダビッドソン伝説』）。文化を大切にし、顧客のエンゲージメントを高めてきた結果であろうが、カルトブランディングにおけるキーワードと重なる部分が大きい。顧客を導く価値観を提示するハーレーは、カルトブランドとして今後も存在感を示し続けるであろう。

▼（7）米国を代表する伝説的バンド「グレイトフル・デッド」
――コミュニティーを拡大させた「親切心」という文化

グレイトフル・デッドは、１９６０年代に米国カリフォルニア州で生まれたバンドだ。若い人にはあまり知られていない名前かもしれないが、米国では半ば伝説と化しており、今もコアなファンを多数抱えている。米国のマーケティング関連の書籍には、グレイトフル・デッドは本当によく登場する。筆者もカルトブランディングに出会う前から、興味深く読んでいた。

グレイトフル・デッドに欠かせない存在が「デッドヘッズ」だ。グレイトフル・デッドの価値観に共感する、いわば信者のことである。グレイトフル・デッドがいかにビジネス面でも優れていたかを著した書籍『グレイトフルデッドのビジネスレッスン＃　彼らの長く奇妙な旅が紡《つむ》ぎ出す「超」革新的な10の教訓』（バリー・バーンズ著、翔泳社）は、彼らが「親切心や思いやり、他者への尊敬の念などの60年代のカウンターカルチャーに根差し、これらの価値観に忠実だった」と記している。

グレイトフル・デッドが体現する「親切心や思いやり、他者への尊敬の念」が時代に合っており、そのことも信者獲得に大きく影響したといえよう。

同書によると、グレイトフル・デッドのメンバーもファンも、皆「いい人」なのだという。これは筆者の実感とも重なる。筆者が知る限り、国内外のカルトブランドの人たちは皆「いい人」なのだ。

カナダで出会ったカルトブランドのブランディング担当者もそうだし、カルトブランドのカンファレンス「ザ・ギャザリング」のスタッフたちもそうだった。筆者が接触した国内のカルトブランドに関わる人々も、同様であった。

ここで言う「いい人」をさらに深掘りすると、「世の中をよくするために見返りを求めずにギブしてくれる人」となる。コンテンツマーケティング関係者もこうした人が多いが、ブランディングやマーケティングの成功のカギだと筆者は確信している。

グレイトフル・デッドは、何度も業界の常識を壊してきた。その最たるものが「テーピング」、つまりライブ中の録音の許可である。

当初、テーピングは許可されていなかったが、黙認されていた。しかし、テーピングを行なうファンの数が増えるにつれて、問題視されるようになっていった（『グレイトフルデッドのビジネスレッスン#』）。

バンドメンバーは許可するか禁止するかで議論し、最終的には特別チケットを販売し、チケットを所持している者だけ録音を許可することとした。録音専用のスペースを設け、トラブルが発生しないようにしたのである。録音テープの取り扱いについては、商用利用を禁じる一方で、ファン同士で交換することは認めた。

グレイトフル・デッドのライブは、毎回セットリストが異なる。しかし、ファンは毎回ライブに足を運べるとは限らない。したがって、自分が参加できなかったライブのテープは喉《のど》から手が出るほど欲しいわけだ。ファン同士のテープ交換は、こうした理由から活発に行なわれた。テープ交換という行為が、コミュニティーをより強固のものとした。

グレイトフル・デッド作詞家のジョン・ペリー・バーロウは、テープの交換や共有がグレイトフル・デッドの文化、そして「宗教のようなある種特異なものの基盤」を形成したとしている。また、グレイトフル・デッドは音楽というよりコミュニティーが「主力商品」との見解を示している。

ここでの文化とは、「親切心や思いやり、他者への尊敬の念」のことである。こうした文化がコミュニティー内に倫理観を生んでいく。適切な倫理観をまとったコミュニティーは、居心地の良さを生む。そして、コミュニティーがさらに拡大していく。

また、ブライアン・ハリガン、デイヴィッド・ミーアマン・スコット著『グレイトフル・デッドにマーケティングを学ぶ』（日経ビジネス人文庫）は、グレイトフル・デッドのライブに集まったファンが、宗教のように一体化して絆《きずな》を深めたと指摘する。デッドへッズの多くがライブを〝巡礼〟として捉えていたのだという。

グレイトフル・デッドは、顧客リストの重要性を少なくとも1971年には理解していたようだ。同年発売されたアルバムのジャケットに、「あなたは誰？　どこにいる？」などと記載。バンドと直接つながるよう呼び掛け、会員登録を促したのだ。グレイトフル・デッドは膨大な情報を手にすることとなる。そして、会員に年に何度か会報などを送った。

現在のグレイトフル・デッドの公式ウェブサイト下部にも、「あなたは誰？」などと当時のアルバムジャケットと同じ文言が並ぶ。そして、メールアドレスの登録を呼びかけている（これもグレイトフル・デッドの文化であろう）。登録すると、バンドの最新情報がメールで届く。

ブランディングやマーケティングの世界では、このように自ら進んで登録（個人情報を提供）した人のことを「サブスクライバー」と呼ぶ。

現代において、相手の同意なく一方的に商業メールを送ることはご法度である。サブスクライバーは、メールを受信することに同意した存在であり、ブランド側は自由にメールを送ることができる。

ポイントは、「このブランドとつながりたい」というマインドで自ら進んでサブスクライバーとなる点だ。デッドヘッズたちは当然自らグレイトフル・デッドとつながりたいと思っている。このことは、会報を受け取る一方で、バンドに対して手紙やイラストを送っていたことからも分かる（『グレイトフル・デッドにマーケティングを学ぶ』）。

ブランディングにおいて、顧客とのコミュニケーションは極めて重要である。利用可能な個人情報をいかにして獲得し、顧客リストを構築していくかがカギとなる。顧客と直接コミュニケーションを取れれば、顧客が何を考えているかを理解できる。結果、エンゲージメント向上のための適切な施策を展開しやすくなる。

バンドの文化を守りつつも、ファンの声に耳を傾け、その声に極力応えていく。その繰り返しが今なおデッドヘッズたちを熱狂させる「ブランド」を形作ったのだ。

▼（8）iPhone や iPad を生み出した「アップル」
——感動的体験の積み重ねが信者を生んだ

いつそうなったのか記憶がない。気が付くと、筆者の書斎にはいくつものアップル製品があった。感動体験の積み重ねによって、筆者もいつの間にかアップル信者となっていた。

アップルほど「信者」という単語と結びつけて語られるブランドもないだろう。事実、カルトブランディングの分野ではよく事例として登場する。

マッキントッシュに iPhone、iPad など、アップルは革新的なプロダクトを世に送り出してきた。アップル信者は、発売日になるとアップルストアに列をなし、店員とハイタッチしながら入店する。その様子は毎回のように大きく報道される。

アップルの共同設立者の一人であるスティーブ・ジョブズは、世の中を熱狂させてきた。自らの情熱に従い続けたジョブズは、よく「宇宙に衝撃を与えるほどのものをつくろう」と語っていたという（カーマイン・ガロ著『スティーブ・ジョブズ驚異のイノベーション人生・仕事・世界を変える7つの法則』日経BP社）。

ジョブズは、プロダクトを販売するというより、ビジョンを示し続けることに重きを置いていた。『驚異のイノベーション』は、アップルの姿勢について「売っているのはモノではなく夢なのだ」「売るのではなく道を説く」と表している。つまり、アップルはその技術力だけでなく、ビジョンによってイノベーションを起こしてきたブランドといえる。

アップルは、カルトブランディングにおいて重要な「体験」を、高いレベルで提供している。その最たるものがアップルストアである。小売店をつくることではなく、体験をつくることこそがアップルストアの目的であった。

カーマイン・ガロ著『アップル驚異のエクスペリエンス　顧客を大ファンに変える「アップルストア」の法則』（日経ＢＰ社）は、英国の神経学者が確認したある現象を紹介している。アップルは激しい宗教体験と同じ脳の部分を刺激しているのだという。同書はその上で、アップルというブランドについて「感動的体験を通じて、人生の意味を感じさせてくれるもの」と分析している。同書には「アップル信者」が登場するが、アップルストアの訪問は信者にとって宗教的な体験であるとまで書かれている。

アップルストアにはコンシェルジュ（後に名称が変更）やバーが存在し、一方でキャッシャーがない。同書によると、これらはフォーシーズンズホテルからインスピレーションを得たのだという。高級ホテルは顧客が何を求めているのかを常に考え、対応している。

すると顧客エンゲージメントは高まり、高価格帯でも固定客がつく。アップルストアもこうした事例を参考にしているのだ。

筆者もアップルストアには何度も足を運んでいるが、スタッフは皆極めてフレンドリーだ。プロダクトを触っていると、自然体で語りかけてくる。こちらの課題を解決しようという下心の感じられない姿勢は、感動的ですらある。現場のスタッフにある程度の権限が委譲されているようで、親身になって様々な提案をくれる。

世の中には、マニュアルを棒読みしたような接客をする人もいる。また、強引に売りつけようとする接客もある。前者は心に響かないし、後者は「マーケティング臭」が強く感じられる。しかし、消費者は、心と心が通じ合う会話や対話を求めている。

人当たりがいい人を採用するだけでは不十分だ。そうした人を採用した上で、ある程度権限を委譲する。そうすることで、感動的な体験が生み出されていく。権限委譲による体験創出は、カルトブランディングにおいても重要な要素なのだ。

半ば伝説的となっているアップルのＣＭがある。同社製のパソコン「マッキントッシュ」が発売されることを伝える目的で、１９８４年のスーパーボウルにおいて一度だけ流された「１９８４年」である。ジョージ・オーウェルの小説『一九八四年』に登場するような全体主義社会を、若い女性ランナーがハンマーで破壊するというストーリーで、１分程度の長さだ。たった一度だけの放送だったにもかかわらず、多数のメディアがこのＣＭをニュースとして報じた。

ウォルター・アイザックソンの書籍『スティーブ・ジョブズⅠ』（講談社）によると、当時の若い人々は、オーウェル的な政府や巨大企業が個人を弱体化させるツールとしてコンピューターを捉えていた。一方で、個人に力を与えるツールとしてコンピューターを捉える見方も生まれていく。ＣＭは、アップルが巨大企業に立ち向かう「クールで反抗的な会社」であることを強く印象付けるものであった。

同書によると、ジョブズは自らを「反逆者」にたとえることを好んだという。

また、オーディエンスが喜ぶようにアップルの敵を設定することに長《た》けていた。さらには、そのスローガン「シンク・ディファレント」のフレーズに表されるように、とにかく「違い」を出すことにこだわった。

アップルはカルトブランドの要素を多く備えている。カルトブランドになるべくしてなった――もちろんジョブズによって――ブランドといえよう。

summary

◎顧客のエンゲージメントを高め、ブランドの文化を守るジムニー

◎顧客の「歓喜」を掲げる、がまかつの製品作り

◎ゴールデンナイツは短期間で信者を獲得した

◎強烈なイデオロギーで差別化し、求心力を生んだデス・ウィッシュ・コーヒー

◎デュオリンゴとグレイトフル・デッド、ハーレーダビッドソンはコミュニティーを重視している

◎アップルは「体験」を高いレベルで提供している

終章

成功のためのヒント

カルトブランディングには、取り組む上での注意点がいくつかある。本章では、これからカルトブランディングに取り組む方へ向けて、注意点や成功のためのヒントについて書きたい。

▼倫理観を忘れずに

カルトブランディングには革新的なイデオロギーが必要だと書いた。しかし、度が過ぎれば単に顧客を煽《あお》る態度へと変容し、周囲から眉《まゆ》をひそめられるという結果になる。煽るとは、例えば信者に対し「信心深さ」を証明するよう呼び掛けることが該当する。

ハーレーダビッドソンやデス・ウィッシュ・コーヒーの信者は、ブランドのタトゥーを腕に彫っている。しかし、これは誰からも強制されたものではない。自ら進んで彫っているのである（その是非はともかく）。仮にブランドがタトゥーを彫るよう強要したとする。これはブランド側が「信心深さ」を証明させようとしており、その時点でカルトブランドとは呼べない。

メッセージの出し方についても、十分注意する必要がある。

カルトブランディングには、敵の設定というメソッドがある。が、競合ブランドの固有名詞を広告やコンテンツに登場させて敵愾心《てきがいしん》をむき出しにすることが、世の中に受け入れられるだろうか。競合ブランドを敵とみなす手法を選ぶにしても、実名を出すことはよほど条件が整っていない限り避けるべきだ。

条件とは、例えばお互い合意の上でキャンペーンを展開するケースである。「○○には負けない」などと双方のブランドが発信すると、お互いの顧客が盛り上がる。もちろん、関係者、顧客の全員が「ヤラセ」であることを理解している状態である。

繰り返すが、コンテンツとして出す場合は競合ブランドの固有名詞を避けるべきだ。競合ブランドの姿勢それ自体、社会問題を敵として設定する方が、より多くの支持を得られるであろう。

▼社会との融合は悪いことではない

カルト宗教が成長していくにつれて、社会と融合していくことはすでに述べた通りである。同じように、一旦カルトブランドとしての地位を確立したとしても、ブランドの成長とともに社会と融合し、カルト性が失われていくことはよくある。

ブランドが注目を集めれば、社会的責任は増す。社会と融合していく必要性が、多かれ少なかれ生じるのである。換言すれば、ブランドの認知度が高まれば、社会から批判を受けるようなことは絶対にできないということだ。

とはいえ、これはグローバルブランドの多くが通る道ともいえる。だから、ある程度社会と融合することが、決して悪いというわけではない。

ただし、ブランドの文化を守ることと顧客のエンゲージメントを高めることについては、全力を注ぐべきである。ブランドを拡大させることや社会と融合することだけに集中すれば、ブランドのアイデンティティーは失われ、顧客も離れてしまう。したがって、ブランドの文化と顧客のエンゲージメントには最大限の注意と敬意を払いつつ、無理のない拡大路線をたどるというのが最適解といえよう。

初めは尖ったことをやっていたユーチューバーやブロガーが、人気が出るにつれておとなしくなるケースをよく目にする（筆者はそれでいいと思っている）。一方で、絶大な人気を維持し、信者を抱えた人物も存在する。彼らの振る舞いは、カルトブランディングの観点でも非常に参考になる。

▼従業員のエンゲージメントを高めよう

顧客のエンゲージメントを高めることが大切だと何度も述べてきた。実はそれと同じかそれ以上に、従業員のエンゲージメントを高めることがカルトブランディングにおいて重要なのである。

世界最大のコンテンツマーケティングのカンファレンス「コンテンツマーケティングワ

ールド」でも、「従業員のエンゲージメントを高める」をテーマに、グローバル企業の担当者がプレゼンしていた。

いわゆる「インナーブランディング」である。

従業員向けのCMを何本も制作するなど、相当なコストをかけていたのが印象的だった。マーケティングやブランディングの世界で、従業員のエンゲージメントを高めることは、もはや常識といえる。

カルトブランディングでは、顧客に「自分はブランドの一員なのだ」と感じてもらうことが何より重要である。そうすることで顧客は信者となり、自らブランドとの関わりをあらゆる場所で発信してくれるようになる。

当然のことながら、従業員も「ブランドの一員」である。むしろ、ブランドの最初のメンバーは従業員ともいえるだろう。ブランドが産声を上げた瞬間においては、ブランドのメンバーは創業者や従業員しか存在しないはずである。

ブランド黎明期は顧客獲得が極めて難しい。したがって、ブランドが採用活動を展開する際は、ブランドを愛するメンバーを従業員として雇用すべきといえる。

そこから徐々に顧客を獲得して、ブランドのコミュニティーを拡大していくことになる。しかし、ブランドが大きくなり、売り上げが伸びていくと、ブランドのステークホルダーが多くなっていく。新たな株主や声の大きな顧客も当然それらに含まれる。彼らの声に耳を傾けているうちに、従業員が疲弊するということは、往々にして起こり得る。

すると何が起こるか。まず間違いなくブランドの魅力は小さくなる。売っている側がブランドを愛せなくなった時、その雰囲気はブランド全体を覆《おお》う。逆に、従業員がブランドを愛し続けられるのであれば、そのブランドはさらなる成長を実現する。

これらの理由により、従業員のエンゲージメントは、顧客のエンゲージメントと同等か、それ以上に重要であると考える。このことを理解しているブランドや企業がどれだけあるだろうか。匿名掲示板に従業員からネガティブな書き込みをされたことのあるブランドは、それを何かの「警告」と捉え、従業員の方向も向くようにしてもらいたい。

▼「幸せ」を提供しよう

ザッポス創業者のトニー・シェイは、自著『顧客が熱狂するネット靴店　ザッポス伝説　アマゾンを震撼させたサービスはいかに生まれたか』（ダイヤモンド社）の中で、幸福感を生み出すフレームワークを提示している。それによると、幸福感には長続きしない順に快感、情熱、崇高な目的という3つのタイプがあるという。

何かを手に入れたりすることで得られるのは、快感という名の幸福である。人間は快感を一生にわたり追い求めるが、この幸福感は長続きしない。

情熱によって得られる幸福感は、時間の感覚がなくなる状態である。「フロー」とも言い換えられる。

崇高な目的による幸福感は、自分自身より大きな意義あるものの一部になることで得られる。崇高な目的を見出し、追い求めることで幸福感が長続きする。

崇高な目的は、ブランドの存在理由につながるものである。これを提示することで、ブランドは顧客や従業員を幸せにできる。単にプロダクトを提供するだけでは、快感、つまり短期的な幸福感しか提供できない。それでは信者とはならない。

顧客や従業員とともに、崇高な目的を見出し追い求めることで、関わる人々は幸福を感じることができる。崇高な目的を追い求める行為は、ブランドが目的を達成しない限り、半永久的に続けられる。つまり、ブランドとともにあり続ける限り、顧客や従業員は幸せを感じ続ける。結果、ブランドの輪が少しずつ広がっていくとともに、ブランドはカルトブランドへと近づく。

▼T型人材を育てよう

コンテンツマーケティングワールドに参加した際、「コンテンツマーケターのキャリアパス」をテーマにしたセッションがあった。登壇したセールスフォースのコンテンツストラテジストであるエイミー・ヒギンス氏は、様々なバックグラウンドを持ちながら現在コンテンツマーケティング業界で活躍する人物である。

英語による「コンテンツマーケティング」の検索数は、2011年以降、増加の一途をたどっている。もはや米国においては当たり前のマーケティング手法となっており、例えば2018年のコンテンツマーケティング業界の職のポジション数を見ても、2万3846件と前年比で33%増えている。

他方、コンテンツマーケティング業界が求めるスキルは多様化しており、事実様々なバックグラウンドを持つ人々が活躍の場を求めて業界に飛び込んでいる。一口に「コンテンツマーケター」と言っても、現場レベルでは多くの施策に取り組んでいるのが実状といえる。

コンテンツマーケティング関連の求人情報を見ると、採用する側が求めるスキルが多すぎてカオス状態だ。人物像がよくイメージできない求人票も多い。

同時に、採用される側もコンテンツマーケティング業界就職後にうまくキャリアパスを描けないという課題が生まれている。意を決して業界に飛び込んだはいいが、日々の仕事に追われているうちに、気が付いたら市場や会社が求める人材からかけはなれていた、ということになりがちである。

こうした状況を受けて、ヒギンス氏はコンテンツマーケティング業界に飛び込んだ後のキャリアパスの描き方を今回のプレゼンで紹介したわけだ。ヒギンス氏は、コンテンツマーケティング業界で活躍する上で、（入社後に）様々なスキルを身につけることは必須であると指摘。その上で、ジェネラリストでもスペシャリストでもなく「T型人材」を目指そうと訴えた。

「T型人材」とはどういうことか。ヒギンス氏によると、「T」の文字を構成する横棒がジェネラルなスキルセットを、縦棒がスペシャルなスキルを意味すると説明する。

ジェネラルなスキルセットがあれば、コンテンツマーケターとして社内で活躍することはできる。しかしながら、それだけではキャリアパスを描くことは実は難しい。ジェネラルなスキルセットはコンテンツマーケターとして当然のものだ。加えて一つスペシャルなスキルを身につけることで、個人のブランディングができて市場価値も上がる。

一般論としては、優秀なコンテンツマーケターとはジェネラリストであろう。様々な施策をアジャイル的に試すことが、現代マーケティングにおいて求められるからだ。ただ、それだけではキャリアが保証されない。これはジェネラリストの同義語に近づきつつあるコンテンツマーケターという職ならではの構造だと感じる。

このセッションは、コンテンツマーケティング業界の話だ。しかし、カルトブランディングの研究を始めて以降、同様にT型人材が求められると感じた。ブランディングも何か一つだけできても効果が見込めない。総合戦の側面がある意味で、コンテンツマーケティングと似てい

図10　T型人材の概念図

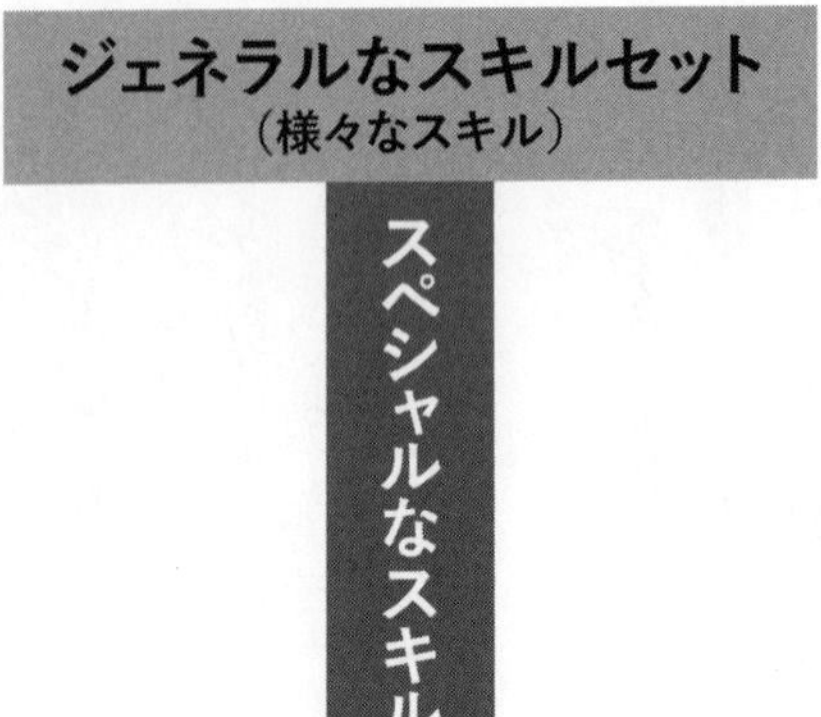

る。

ヒギンス氏は、自身の「T」を見つけようと呼びかける。その流れはこうだ。まず、様々なスキルを身につけていく。そして、業界や自社において必要なスキルがそろったのかを確認する。足りない部分があればそのギャップを埋めていく（足りないスキルを身につける）。そこまでできたら自らの興味関心を見つけて、そのスキルを磨いていく。これらを「T」の図に整理しておけば、自らをブランディングする上でも力を入れるべき方向性がクリアになる。

コンテンツマーケティングワールドに登壇するスピーカーたちは、皆コンテンツマーケティングに必要なスキルや知識を一通り持ち合わせている。それに加えて「ジャーナリスティックアプローチ」「パーソナライゼーション」「コンテンツ戦略」など得意とする一つのドメインが明確になっており、それ「のみ」を強みとして打ち出している。

スキルがないのに「私のスペシャルなスキルはこれだ」と声高に叫ぶ人物は米国には少ない。個人ウェブサイトなどには当然スキルセットが書かれているが、マウンティングを取りに行く人はあまり目にしないのである。実力社会、実名社会で責任を持った行動が求められる米国においては、コンテンツマーケティング業界でも自分を大きく見せる行動はご法度なのだ。

「これからはソフトスキルも必須だ」。ヒギンス氏はこうも訴える。

世界経済フォーラムが発表したレポートによると、2022年には「複雑な問題の解決」「推論」「感情的知能」など、これまでと異なるスキルが求められるという。これらを念頭に、ヒギンス氏は「コラボレーション」「スピーチ」「エモーショナル」「積極的傾聴」「好奇心」といった「ソフトスキル」がコンテンツマーケターに求められると強調した。

ソフトスキルも持ち合わせたT型人材。カルトブランディングにおいて、関わる全員がこうした像を目指すべきだと感じる。

▼メールを有効活用しよう

新型コロナウイルスの感染拡大に伴いビジネスの「非対面化」が進む中、コンテンツ発信の重要性は増している。オフライン施策の展開が難しくなった企業は、オンラインでの情報発信の比重を高めている。SNSやウェビナー、記事コンテンツなど、様々なコンテンツを日々目にするようになった。他方、ニュースサイトやSNSでは、新型コロナ関連の情報が次々と飛び込んでくる。

もう疲れた——。宣伝文句と新型コロナの情報の洪水によって、こうした感情を抱いているのは筆者だけでないはずだ（まさにカオスだ）。

そんな中、Eメールの活用がいっそう重要となっている。「今さらEメール？」と感じる人もいるかもしれない。しかし、企業が消費者や顧客とコミュニケーションを取る際、メールは今でも重要なチャネルだ。セールスフォース・ドットコムやハブスポットが提供するMAツールだって、メール配信がベースとなる。BtoCブランドが顧客や見込み顧客とコミュニケーションを取る際も、SNSと並びメールは欠かせない存在だ。メールはブランディングにおいても最重要チャネルの一つといえる。

事実、筆者が唯一落ち着ける場がメールボックスである。営業メールは自動的に迷惑メールフォルダに振り分けられるので、そこで目にするのは仕事関係のメールか、自ら登録した有料・無料のメールマガジンだ。

この「自ら登録した」という部分が重要で、英語では「サブスクライブ」といい、自ら登録した人が先述の「サブスクライバー」となる。

ライフスタイル系やマーケティング関連のメルマガを登録しているが、クリックすればノイズがない状態となり読書と似た感覚になる。これこそまさに1to1コミュニケーションだ。

有益な情報が欲しくて「自ら個人情報を差し出した」のであって、情報の出し手との関係構築を自ら望んだともいえる。今の状況下にあって、サブスクライバーは企業にとって最も大切な見込み顧客であり、サブスクライバーにとって企業は「有益な情報をくれる人」なのだ。

「最後のフロンティア」かもしれないメールの重要性は、今後増す一方であろう。カルトブランディングにおいても、ぜひ積極的に活用したいところである。

▼求められる「ヒューマンタッチ」

先述の通り、企業はより効率化を求め、テクノロジーを駆使してサブスクライバー向けのメール配信に取り組んでいる。興味深いことに、一方ではヒューマンタッチ、つまり「人間味」のあるコンテンツへ回帰しようという動きが見られる。これはテクノロジーによって美学や人間性が失われた結果だろう。

筆者は2020年6月、カンファレンス「Eメールイノベーションサミット」にオンラインで参加した。メールマーケティングのカンファレンスとしては世界最大級のもので、著名なマーケターやメールマーケティング関連本の著者など、業界のトッププランナーらがプレゼンしていた。

「タイトルのつけ方」から「迷惑メールフォルダに振り分けられにくくする方法」まで、メールマーケティングの分野は幅広い。基本的には、その多くがテクニックを紹介するものだが、今回のカンファレンスでは新型コロナによる環境変化もあり、「コンテンツに人間味を持たせよう」「受け手に寄り添ったコンテンツにしよう」「倫理観を大切にしよう」といった「スタンス」を紹介するセッションが多かった。

メールマーケティングの最新テクノロジーの話をしていたかと思うと、終盤に突然「ヒューマンタッチ（人間味）」や「共感」と書かれたスライドが登場する。カンファレンスの中で、こんな場面に何度も出くわした。

ＡＩを活用したツールの出現によって、企業は「パーソナライズ」という武器を手に入れた。同じメッセージを一斉送信するのではなく、居住地や行動によってメッセージの内容や送信のタイミングを自動的に変えられるようになったのだ。

メール配信の自動化は、開封率やクリック率の向上に貢献した。しかし、こうした手法が一般化した結果、企業が出すメッセージからは「人間味」が失われていった。いや、人間味が失われたら、それはもはやメッセージではない。単なる「テキスト」だ。「ロボットが作ったような定型メールが最近増えた」。そう思っているのは筆者だけではないであろう。

欧米ではメール配信の行き過ぎた「自動化主義」に、警鐘を鳴らす動きが見られるようになった。例えば、メール内にあからさまなCTA（コール・トゥー・アクション=喚起したい行動）を配置せず、受け手が自ら結論を出すような設計にすべきだ、との主張が生まれた（一見すると遠回りの戦略だ）。メールを受信する側である利用者が、開封率などの計測をブロックできる「HEY」というメールサービスも生まれた。

メールに限らず、マーケティング・テクノロジーの活用が進むにつれて、企業が持つべき「共感性」は失われていく。とはいえ、時間に追われるマーケターは、「自動化」という武器を手放したくない。だとすれば、テクノロジーの力を借りつつも、人間味のあるコンテンツを作り続けることが最適解といえよう。

人間味のあるコンテンツの最たるものが、実は「体験」である。体験はカルトブランドが得意とするものだ。カルトブランドの多くが抱えるコミュニティーについても、顧客が体験を享受できる場といえよう。

▼シンプルな言葉で伝えよう

ブランドメッセージが多すぎると、社内外で混乱が生じる。受け取る側からすればノイズが多い状態となり、ブランド像が確立されないこととなる。つまり、「なんだかよく分からないブランド」となる。

言いたいことが多いのは分かる。しかし、極力シンプルな言葉にまとめたい。「どんなブランドなの？」と質問された時、切れ味鋭いフレーズで返すことを目指そう。自ら「○○の象徴」と言い切ってしまうのもいいし、存在理由をワンフレーズで説明するのもいい。とにかくシンプルな言葉にまとめるべきだ。

そこから、その言葉を伝えるため、もしくは補完するためにストーリーを紡いでいく。ストーリーは複数あっていい。しかし、いずれもシンプルな言葉に収れんできるものでなければならない。

ここで、ジャーナリズム業界出身者が活躍する。日常的に記事の見出しを立てていた彼らであれば、キャッチーかつ本質を捉えたフレーズを導き出してくれることだろう。

▼与える側になろう

カルトブランドは「ギバー」、つまり与える人であり続ける必要がある。何を与えるのかはブランドによって異なるであろう。体験かもしれないし、居心地のいいコミュニティーかもしれない。はたまた、ブランドが理念の実現に向けて走り続ける姿勢かもしれない。いずれにせよ、顧客が求める何かを与え続ける必要がある。見返りを求めずに。

与えるだけの人は、成功しないと思われがちである。しかし、アダム・グラント著『GIVE&TAKE「与える人」こそ成功する時代』（三笠書房）はギバーについて、ギブ・アンド・テイクの関係を相手の利益になるようにもっていき、受け取る以上に与えようとする存在であると説明している。同書は、先に与える人こそが最終的に最も成功することを、様々な事例によって証明している。

これは真理である。長期的な視点で考えた時、例えば信者が期待する振る舞いをしたり、顧客が望むものを提供したりすることで、ブランドの評判は上がっていく。結果、口コミで勝手に顧客が増えていくというサイクルが自動的に生み出される。

しかし、日本では半期に一回、会社が従業員個人を評価する。個人に数字が求められるわけで、従業員はどうしても短期的な施策へと走ってしまう。その結果が、カルトブランディングにおいて避けなければならないディスカウントキャンペーンの採用なのである。

コンテンツマーケティングの世界は、「ギブ・アンド・テイク」ではなく、「ギブ・アンド・ギブ・アンド・ギブ・アンド・ギブ・アンド・テイク」の世界である。「営利企業なのにここまでやってくれるのか！」「ここまで有益な情報を無償で提供してくれるのか！」という感動を生むことを目指す。それが信者の獲得へとつながる。

この思考だと、売り上げが見えてくるまで時間がかかる。しかし、そもそもブランディングとは時間がかかるものである。短期間で結果を出そうとすることが不自然なのであり、ブランドを広告漬け体質へと変貌させるのだ。カルトブランドを目指す以上、常にギバーでありたい。

▼勧誘はやめよう

一般的なカルト宗教は、信者獲得のために勧誘活動を積極的に展開する。しかしながら、カルトブランディングにおいてこれは得策でない。

カルトブランドの信者は、ブランドとの関わりをあらゆる場所で示す。しかし、知人友人に直接信者になるように説得することはない。あくまで「善意のレビュー」「善意の口コミ」を示す程度であり、これは勧誘活動とは呼べない。信者らは「非合理的な忠誠心」を示すものの、そのベクトルは勧誘活動には向かないのである。カルト宗教とカルトブランドとの大きな違いである。

カルトブランドは、自らの存在理由、つまりなぜ存在するのかを明確にして、企業活動を展開する。決して、信者の獲得にフォーカスしているわけではない。ブランドの文化を大切にして顧客のエンゲージメントを高めることだけにフォーカスしており、その結果信者が増えていくのである。

仮にカルトブランドが信者らに勧誘活動を強《し》いたとしよう。それは労働力の搾取であり、信者らが勧誘に動いたところで非合理的な忠誠心とはもはや呼べない。搾取が生じている時点でカルトブランドの資格は失われる。

ブランドが「お友達紹介キャンペーン」を打つケースをよく目にする。既存顧客に対し、友人を紹介してくれたらそのインセンティブとしてクーポンなどを発行するという施策である。これも勧誘活動を強いている状態といえる。ブランドの存在理由が、理念の実現ではなく顧客を増やすことにすり替わっている。残念ながら、これでは手段と目的が逆転した状態と言わざるを得ない。

信者は、決して金銭的なメリットを享受したくてブランドとの関わりを示しているわけではない。存在理由に共感したからであり、信じるブランドが「お友達紹介キャンペーン」を打とうものなら、興ざめしてしまう。長期的視座に立った時、勧誘はブランドの寿命を縮める行為といえる。マルチまがいの商法ではなく、正しいブランディングに注力しよう。

▼スイッチングコストなど考えるな

スイッチングコストという概念がある。利用しているプロダクトやサービスを乗り換える際に発生するコストのことだ。

ここで言うコストは金銭的コストに限らない。例えば車を想像してほしい。車種やメーカーが変われば、ハンドルやブレーキを操作する際の感触が異なり、一定の慣れが必要となる。また、買い替える車を探す手間もかかる。心理的なハードルや時間もコストに含まれるのである。

スイッチングコストが高ければ高いほど、顧客を競合他社に奪われる心配は少なくなる。そのため、ソフトウェア業界や航空業界など、スイッチングコストを活用する企業は世の中に多く存在する。

カルトブランディングで、スイッチングコストを活用しようなどと考えるべきでない。カルトブランディングに成功すれば顧客は信者となり、そもそも他社製品に見向きもしなくなる。つまり、信者になった時点で、心理的なスイッチングコストが最大化される。

仮に、スイッチングコストを積み上げようとすれば、カルトブランディングは失敗する。ポイントシステムや難解な解約方法を導入することとなり、顧客のエンゲージメントを下げることにつながる。カルトブランディングにおいては、顧客と誠実に向き合うだけでいい。

▼手を動かそう

ブランディングに魔法の杖《つえ》はない。ましてや、信者を抱えるカルトブランドを目指すのであれば、なおさらである。

マーケティング・テクノロジーが発達し続ける現代においては、簡単にブランディングができるツールが存在すると錯覚するブランドは多い。しかし、これは大きな誤りである。マーケティング・テクノロジー・ツールは、工数を削減することにはつながっても、

図11　PDCAサイクル

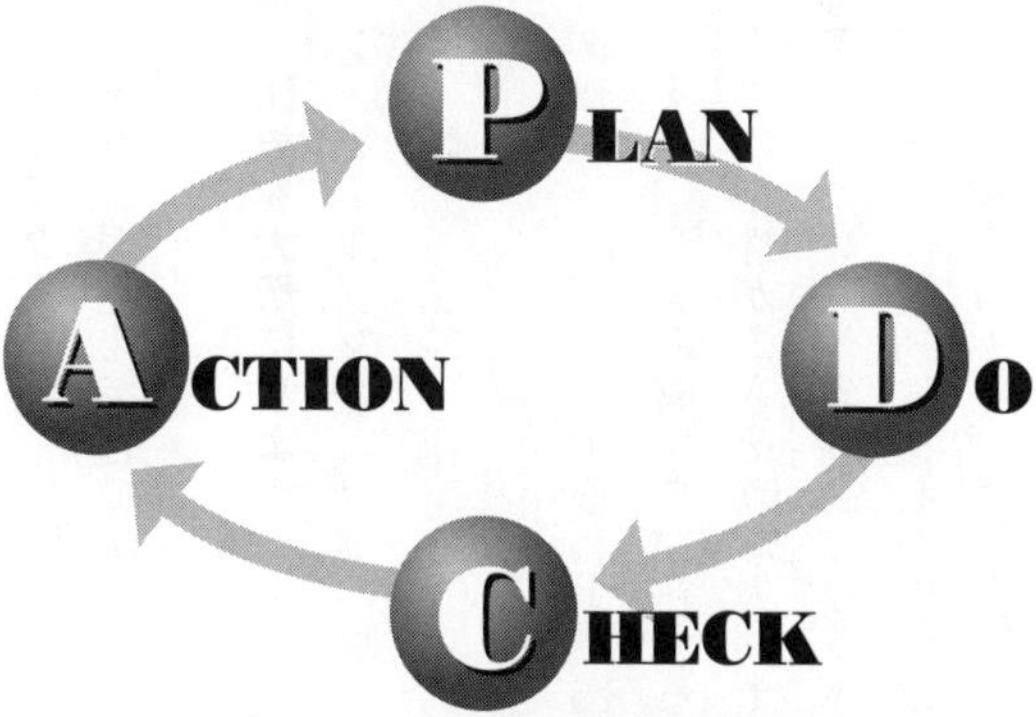

PDCAサイクルを回し続けることが
ブランディングの最適解

ツール導入だけでブランディングが完了することはあり得ない。

外国語学習サービス「デュオリンゴ」のコミュニティー責任者であるローラ・ネスラー氏は、マーケティング・テクノロジーの力を頼りすぎる風潮に警鐘を鳴らし、こう述べる。「テクノロジーの力を借りることは最小限にして、とにかく努力すべきである」と。

カルトブランディングはコミュニティードリブンな考え方である。コミュニティーに対して手を動かせば動かすほど、メンバーのエンゲージメントが高まる。これはブランディング全般に言えることでもある。正直に言って、どの施策がハマるかは誰にも分からない。成功確率が１００％の施策など存在しない。

い。だからこそ、PDCAサイクルを回し続けることこそが最適解なのである。

とにかくテクノロジーに頼らず、手を動かそう。テクノロジーの導入は、ブランディングのサイクルが見えてきてからでも遅くない。

▼第一印象を大切にしよう

ヤン・カールソン著『真実の瞬間 SASスカンジナビア航空のサービス戦略はなぜ成功したか』(ダイヤモンド社)で知られるようになった、「真実の瞬間」というワードがある。

スタッフと顧客が接するわずか15秒間の印象で、企業の評価が決まる。この「真実の瞬間」こそが、企業の成功を左右する最も重要な時間なのである。

どんなに相性がよさそうな人同士であっても、出会い方がよくなければ関係性が構築されることはない。消費者とブランドの間にも同じことがいえる。どんなに評判のよい飲食店であっても、最初に接した店員の印象が悪ければ、客はどうしても店全体のあらさがしをしてしまう。つまり、「真実の瞬間」における振る舞いこそが、顧客のエンゲージメントを左右するのである。

一方で、米国マーケティング界のカリスマ的存在であるセス・ゴーディンは、自著『マーケティングは「嘘」を語れ！ 顧客の心をつかむストーリーテリングの極意』（ダイヤモンド社）の中で、第一印象が生じるタイミングを考察している。

ゴーディンは、企業がいくら広告や看板、制服に投資したとしても、消費者は記憶に留めもせずに歩み去っていくと指摘。これらを根拠に、消費者と企業の「最初の接触時」に第一印象が生じているわけではないことを導き出した。

ではいつ生じているのか。ゴーディンは、最初に印象を抱いた時こそが、第一印象が生じるタイミングであると結論付ける。

第一印象がいつ生まれるのか、人によって異なるであろう。したがって、完璧に予測することは不可能といえる。だからこそゴーディンは、本物であること、つまり「正統性」が必要だと訴える。すなわち、消費者との接触点すべてが大切であり、一貫性のある施策やトンマナが求められるのだ。

消費者との既存の接点をすべて洗い出し、それぞれで消費者がどういった印象を抱くのかを想像する。もしブランドの存在意義やイデオロギーに反するような印象や、顧客満足度が著しく低下するような印象を持たれそうだと判断したら、すぐさま接点におけるコミュニケーション方法を改善すべきだ。第一印象が大切だという点は、カルトブランディングにおいても例外でないのである。

▼ジャーナリストの登用

ブランドである以上、コンテンツの形でメッセージや情報を発していく必要がある。もちろん、分かりやすい形で。

そこで役立つのがジャーナリズム業界の知見だ。

新聞はニュースを分かりやすく伝えるためのノウハウを持っている。事実を積み上げた説得力のある文章も得意だ。ストーリーテリングも日常的に行なっている。取材に慣れていることから、ヒアリング力も高い。

一方で、全国紙が早期退職を大規模に募集するなど、ジャーナリズム業界では今、生き残りをかけた組織のスリム化が実行されている。米国ではこの流れが先行しており、最終的に残る新聞の数は一桁との予測も聞かれる。米国の潮流を見る限り、日本国内でも人員削減の流れは止まらないであろう。

こうした状況を受けて、米国ではジャーナリズム業界からブランディング業界やデジタルマーケティング業界への人の動きが活発になっている。あまり知られていないが、実は日本でもひそかにこの動きが起きている。ただ日本の場合は米国と異なり、受け皿となる企業のトレーニング機能が十分でなく、カルチャーフィットも含めたミスマッチが起きている印象だ。ジャーナリストをいかにしてマーケターとして育てるか、課題も多いことは事実である。

とはいえ、しっかりとしたトレーニングメニューが確立できれば、ジャーナリストのスキルはブランディングの世界でも十分通用するどころか、大いに活躍できる可能性を秘めている。

ポイントはカルチャーフィットである。ジャーナリストは分かりやすくまとめるスキルがある。一方で、ブランディングやマーケティングの視点がない。双方は、全く異なるカルチャーに根差している。

ブランディングにおいては、誰に何のために情報を届け、その結果どういったインパクトを与えたいのか（結果につなげたいのか）を、毎回明確にする必要がある。常に顧客ありきなのである。この文化の隔《へだ》たりは大きい。

経験則だが、カルチャーフィットできるかどうかは人による。ただし、カルチャーフィットさえうまくいけば、後は先述のT型人材を目指す育成を心がければよい。

「あなたはただ取材して原稿を書いてさえいればいい」というのでは、活躍できない。やはりジェネラルなスキルを身につけつつ「私のスペシャルなスキルはジャーナリスティックアプローチです」などと言えるようになるのが理想である。事実、筆者が米国で出会った、ジャーナリズム業界出身のブランディングやマーケティングの世界に身を置く人々は、もれなくT型人材であった。

転職エージェントとしても、ジャーナリストの転職支援をどうすればいいのか、理解できていないように感じる。知人の全国紙記者は、転職支援サービスに申し込んだものの、紹介される職はほとんどが営業職だったという。スキルのマッチングが上手《うま》くいっているとは到底思えない。このままでは、日本が蓄積してきたジャーナリズムのノウハウが失われてしまう。

個人的には、ブランディングやマーケティングの世界ほどジャーナリストが活躍できる場はないと確信している。カルトブランディングに取り組もうとする企業は、ぜひ積極的にジャーナリストを採用していただきたい。きっと、大きな力となってくれるであろう。

▼観光誘客や移住促進にも積極活用を

カルトブランディングは何も営利企業のみを対象にした手法ではない。ＮＰＯ法人や個人事業主、自治体だって取り組める。

特に自治体や観光系の組織とカルトブランディングは相性がいい。世界中を見渡すと、不思議と移住者や観光客を数多く取り込めている土地がある。移住者のエンゲージメントを高めるような体制を整えていたり、観光客が喜ぶような文化・歴史を大切にしたりする。これにより、人々が集まる土地となっている。

例えば、エリアブランディングをどこかの観光地で進めるとする。文化や歴史のない観光地は存在しないであろう。何かしらの歴史や文化を掘り起こすことで、カルトブランディングはスタートする。

以前、米国オハイオ州の州都・コロンバスにある「ドイツ村」に滞在したことがある。ドイツからの移民がつくったとされるエリアで、今も古き良き欧州の風景が残る。電柱が木だったり、道路がレンガだったり、家も赤茶色だったり。なんだか19世紀の欧州にタイムスリップしたかのようである。

美しい街並みに、おいしいドイツビールとソーセージ。公園の作りもドイツそのもの。

文化を残す取り組みが、ドイツ村の文化と歴史を観光資源たらしめているのである。

かつて取材で訪れた南米ボリビアのサンファン日本人移住地で、現地の若者に話を聞いたことがある。「南米で日本人の文化が残るのは4世まで。それ以降は日本語も含め日本文化が消滅してしまう」と話していたのが印象的であった。地域全体が意識を一つにして、かつ場合によっては法律や制度によって文化を残そうとしなければ、土地の文化は消失してしまうのである。

米ニューヨークの公園「ハイライン」は、歴史と文化を開発によってうまく残した事例である。ハイラインとは、廃線になった貨物鉄道の高架部分に作られた、全長2キロを超える線形の公園だ。

2019年夏の夕暮れ時、筆者はゆっくりと散歩した。鉄道の面影が残る形状の公園は、植生が豊かで、いたるところに現代アートが設置されている。

少し疲れたのでベンチに座りぼーっとしていると、マンハッタン島にいることを忘れてしまった。地元民向けに作られたかに見えるが、世界中から観光客が集まっているようだ。

歴史や文化があるにもかかわらず、成功していない観光地は世の中に多い。なぜか。理由は明白である。顧客の期待に応える努力を怠っているからだ。

NYハイラインのベンチでくつろぐ人々

オハイオ州コロンバスのドイツ村。景観が守られている

観光客が求めていない文化を押し付けても、意味がない。観光資源という素材は、いかようにも解釈、展開できる。素材を集め、文脈を整理し、ストーリーテリングを施す必要がある。それにより、顧客エンゲージメントは高まる。

例えば温泉地には必ず歴史や文化が存在する。しかし、他との違いを打ち出せている温泉地は少ない。熊本県の黒川《くろかわ》温泉や、大分県の別府《べっぷ》および由布《ゆふ》院《いん》など、目立った存在は文脈整理とコンテンツの発信（コンテンツマーケティング）が上手いのだ。観光地のコモディティー化は思いのほか進んでいる。違いを出していかねば生き残れない。カルトブランディングに丁寧に取り組み、観光地として信者獲得を目指したい。

◎カルトブランドには、高い倫理観が求められる
◎従業員のエンゲージメントは、顧客のエンゲージメント以上に重要である
◎メールの重要性は高まっており、カルトブランディングでも有効活用できる
◎テクノロジーが進化した今こそ「人間味」のあるコンテンツが求められている
◎ブランドメッセージはシンプルに伝える
◎与える人である「ギバー」であり続ける
◎手を動かすことでコミュニティーのメンバーのエンゲージメントが高まる

summary

おわりに

国内外を飛び回る生活から一転し、最近は自宅のある熊本で過ごしている。早寝早起きの規則正しい生活を手に入れ、毎朝の瞑想《めいそう》がすっかり日課となった。生活が整うと頭はクリアになり、様々なアイデアも湧いてくるものだ。同時に、不思議とかつてのバックパッカー時代の思い出がよみがえるようになった。

釈迦《しゃか》が悟りを開いたとされるインド・ブッダガヤでのこと。初海外、初一人旅がいきなりインドだった当時20代前半の筆者は、孤独感に押しつぶされそうになる日々を送っていた。

身分は学生。当然お金がない。宿泊先は基本1泊100〜300円台の宿。雑魚《ざこ》寝のドミトリー、もしくはベッドと窓だけの空調のない狭いシングルで、南京虫におびえながら横になっていた。

両足は赤く腫れあがっていた。トランジットしたバンコクの安宿で、南京虫に刺されていたのだ。しかし、当時は原因が分からず、「この異常なるかゆみは謎の風土病ではないか」と恐れおののいていた。あらゆる状況、マインドがネガティブで、とにかく孤独だった。

孤独感を振り払おうと、ブッダガヤの日本寺で午前5時、午後5時の一日2回、座禅を組んだ。しかし寺のすぐ外には、日本人からぼったくろうとするインド人たちがたむろしている。そして、日本人である筆者の姿を確認すると、大勢が駆け寄り、物を売りつけようとしたり腕をつかんでどこかへ連れていこうとしたりする。「聖なるブッダガヤでなぜこんな目にあうのだ」と、連日イライラが募っていた。

一方で、別の日本人バックパッカーは、「はいはい」と楽しそうに笑顔でやり過ごしていた。環境に無理にあらがっていた筆者とは対照的であった。

当時は四六時中「日本に帰りたい」と思っていた。少しでも環境を変えようと、筆者はある日、次の目的地バラナシへ向かうことを決める。行き方がよく分からなかった（当時はスマホを持っていなかった）ので通行人に尋ねると、「バスがおすすめ」と教えてくれた。

道端のバス停らしきところで待つも、いつまでたってもバスは来ない。隣にいたインド人に「バスはいつ来るんだ」と質問すると、「分からない。でもいつか来るさ」と答えた。仕方なくそのまま待ち続けていると、いつの間にか不思議な感覚に陥った。精神と肉体が、インドと少しずつ一体化していったのだ。

そこからなぜだかインドが居心地のいい土地となった。道端に座り、ただぼーっとバスを待っているだけなのだが、とにかく心地いいのだ。

何時間待っただろうか。ところどころ錆《さ》びついたバスがやってきた。その時も、特に感情の変化はなかった。

バスが来たので、ただ乗るだけ。そして、次の目的地にただ向かうだけ。

与えられた場所で努力することは必要である。しかしそれ以外の部分では大きな流れに逆らわず、身をゆだねていればしかるべき位置に収まる。このことを、感覚的に理解できた経験であった。

ひるがえって今の新型コロナ禍を考えてみよう。企業や人々が「早く以前の暮らしと社会を取り戻そう」と考えている気がしてならない。しかし、もう時代が戻ることはない。では、私たちはこれからどうすべきか。

端的に言うと、「流れに逆らうな」「自然体でいよう」ということである。パンデミックによって世の中が大きく変わったことは疑いのない事実だが、あらかじめ予測されていた変化も多くある。時代が10年進んだだけ。我々はこう考えるべきなのである。

悪手の最たるものは、変化の波にあらがうことだ。そもそも平成の時代は、日本全体が過去の栄光にしがみつき、外的環境が変化しているのに見て見ぬふりをしてきた。業者から名簿を購入し、かたっぱしからDMを送り付ける。莫大な広告予算をかけて、一気に刈り取る。商品・サービスが必要ない人に対して無理に営業をかける。こうした「流れに逆らった不自然な施策」を展開してきたわけだ。

しかし、パンデミックによって、いよいよ本質的なブランディングやマーケティングに取り組まざるをえない状況になった。筆者はコンテンツマーケティングのコンサルタントとして活動しているが、この変化の波、流れに乗ることが何より大切だとつくづく感じたこの1年であった。

DXにしてもDtoCにしても、新型コロナ禍で突然登場したように感じるかもしれないが、日本においてはもう何年も前から必要性が叫ばれていた。それらを、新型コロナ禍の文脈で捉えなおしただけなのである。

筆者の知人に、食品卸《おろし》の会社経営者がいる。飲食店への卸をメインとしていたが、新型コロナウイルスの感染拡大によって売り上げに影響を受けた。「この状況は長引く」と判断した知人は、新たなキャッシュポイントを生み出すべくすぐさま動いた。大都市の消費者をターゲットにしたECサイトを新たに立ち上げたのだ。新型コロナウイルスの感染拡大に端《たん》を発した、外的環境の変化を受け入れた結果である。独自の文化を持ち、それまでにもブランディングに取り組んでいたことから、少しずつ成果に結びついている。

ほかにも、業界の苦境が叫ばれる飲食店や宿泊施設の中には、ターゲットを変えることで一定の売り上げを維持しているところもある。いくつかの成功事例を見ると、いずれのケースでもブランドの文化を守ることは徹底している。ただし、ターゲットを変えたり、ブランディングやマーケティングの戦略を変えたりといったことに柔軟に取り組んでいる(例えばコンテンツ配信の経路を変えるなど)。これこそが「流れに逆らわない」ということであり、新型コロナ禍におけるマーケティングのベストプラクティスといえる。

パンデミックによって、今や外部環境は一変した。カルトブランディングに取り組んでも、なかなか結果につながらないということもあるかもしれない。しかし、そこはブランドの文化を守り、顧客のエンゲージメントを高めていく一方で、外部環境の変化を冷静に見つめた、流れに逆らわない施策を展開していただきたい。そして、自分たちのブランドを愛し続けてほしい。ブランドを愛する思いは、必ず顧客に伝わる。

必ず道は開ける。今こそ求められるカルトブランディングが、世の中を救うことを願ってやまない。

謝辞

本書の出版は、筆者一人では到底なしえなかったことである。大勢の方々のご協力により、世に送り出すことができた。

執筆のきっかけをくださった祥伝社の木村圭輔氏には、感謝してもしきれない。構成作成や資料収集、カルトブランド事例の収集において、多大なるご尽力をいただいた。木村氏と二人三脚で取り組んできた結果、納得できる内容に仕上げることができた。

メディア担当ディレクターであるジェイソン・キナー氏をはじめ、ザ・ギャザリング関係者の方々には快く現地取材を受け入れてくださり、また現地で常にサポートしていただいた。カルトブランディングに関する疑問点にも、後日実施した追加取材で明快に答えてくださったおかげで、スムーズに執筆を進めることができた。

本書は、筆者がForbes JAPAN Webと日経クロストレンドに寄稿した原稿をいくつか使用している。Forbes JAPANの前Ｗｅｂ編集長・林亜季氏（現NewsPicks for Business編集長）、同Ｗｅｂ編集部・督あかり氏は、いつも筆者が提案する突飛な企画をやさしく受け止め、カルトブランディングの海外取材や原稿執筆においてもサポートしていただいた。日経クロストレンドを担当する日経BPのシリコンバレー支局長・市嶋洋平氏は、同媒体への原稿初出時、カルトブランディングの定義や事例の部分で重要なフィードバックをくださった。

本書でご紹介したブランド、ジムニー、がまかつ、デュオリンゴ、椎茸祭の関係者の方々には、取材などにおいて丁寧に対応していただいた。顧客とコミュニケーションをしっかりと取られている姿勢に感激するとともに、刺激をいただいた。取材を通してブランドの歴史や文化を垣間見たが、長きにわたり愛されている理由が理解できた。

コンテンツマーケティングの分野などで活躍されている、伊東周晃、三澤直哉、三友直樹の3氏には、カルトブランディングの定義やステップについて度々相談に乗っていただいた。IBAカンパニーの射場瞬氏、鎌倉マインドフルネス・ラボの宍戸幹央氏、「聖地巡礼」ジャーナリストの河嶌太郎氏、フリージャーナリストの下村靖樹氏、囲碁教室を運営する板井太志氏は、突然のお願いにもかかわらず快く取材に応じてくださった。お名前は出せないがこれ以外にも取材に応じてくださった方々、雑談の中でアイデアをくださった方々など、大勢の方々にサポートしていただいた。

本書に関わってくださったすべての方々に、この場をお借りして深く感謝申し上げます。

最後に。愛する家族、そして筆者が経営するクマベイスのメンバーは、「来月ちょっと南米に行ってくる」など、はたから見ると突拍子もない行動ばかり起こす私に愛想をつかさずついてきてくれて、ありがとう。いつも本当に感謝しています。

●重要参考文献

本書は、カルトやマインドコントロール、ブランディング、マーケティングといった分野において、多数の文献を参考に執筆を進めた。ここでは、重要参考文献のみを記載する。

Douglas Atkin (2005). *The Culting of Brands: Turn Your Customers into True Believers*. Portfolio

マシュー・W・ラガス、ボリバー・J・ブエノ、安田拡訳『カルトになれ！　顧客を信者にする7つのルール』フォレスト出版　２００５年（原著 Matthew W. Ragas , Bolivar J. Bueno (2002). *The Power of Cult Branding: How 9 Magnetic Brands Turned Customers into Loyal Followers (and Yours Can, Too!)*. Crown Business）

紀藤正樹『決定版マインド・コントロール』アスコム　２０１７年

スティーヴン・ハッサン、浅見定雄訳『マインド・コントロールの恐怖』恒友出版　１９９３年

アダム・オルター、上原裕美子訳『僕らはそれに抵抗できない　「依存症ビジネス」のつくられかた』ダイヤモンド社　２０１９年

アンデシュ・ハンセン、久山葉子訳『スマホ脳』新潮新書　２０２０年

デービッド・アーカー、阿久津聡訳『ブランド論　無形の差別化をつくる20の基本原則』ダイヤモンド社　２０１４年

田中洋『ブランド戦略論』有斐閣　２０１７年

阿久津聡、石田茂『ブランド戦略シナリオ　コンテクスト・ブランディング』ダイヤモンド社　２００２年

山口周『ビジネスの未来　エコノミーにヒューマニティを取り戻す』プレジデント社　２０２０年

山中麻葉『アーミッシュカントリーの美しい暮らし　MY FRIENDS, AMISH』エムジェイブックス　２０２０年
イヴォン・シュイナード、井口耕二訳『新版　社員をサーフィンに行かせよう　パタゴニア経営のすべて』ダイヤモンド社　２０１７年
マーガレット・マーク、キャロル・S・ピアソン、千葉敏生訳『ブランド・アーキタイプ戦略　驚異的価値を生み出す心理学的アプローチ』実務教育出版　２０２０年
Scott Stratten, Alison Stratten (2017). *UnBranding: 100 Branding Lessons for the Age of Disruption*. Wiley
デービッド・アーカー、阿久津聡訳『ストーリーで伝えるブランド　シグネチャーストーリーが人々を惹きつける』ダイヤモンド社　２０１９年
フィリップ・コトラー、ジュゼッペ・スティリアーノ、恩藏直人監修、高沢亜砂代訳『コトラーのリテール４・０　デジタルトランスフォーメーション時代の10の法則』朝日新聞出版　２０２０年
サイモン・シネック、栗木さつき訳『ＷＨＹから始めよ！　インスパイア型リーダーはここが違う』日本経済新聞出版２０１２年
遠藤直紀、武井由紀子『売上につながる「顧客ロイヤルティ戦略」入門』日本実業出版社　２０１５年
ブロック・イェイツ、村上博基訳『ハーレーダビッドソン伝説』早川書房　２００１年
打田稔『ハーレーダビッドソンの世界』平凡社新書　２００９年
バリー・バーンズ、伊藤富雄訳『グレイトフルデッドのビジネスレッスン#　彼らの長く奇妙な旅が紡ぎ出す「超」革新的な10の教訓』翔泳社　２０１２年
ブライアン・ハリガン、デイヴィッド・ミーアマン・スコット、渡辺由佳里訳、糸井重里監修・解説『グレイトフル・デ

ッドにマーケティングを学ぶ』日経ビジネス人文庫　２０２０年

カーマイン・ガロ、井口耕二訳『スティーブ・ジョブズ驚異のイノベーション　人生・仕事・世界を変える７つの法則』日経ＢＰ社　２０１１年

カーマイン・ガロ、井口耕二訳『アップル驚異のエクスペリエンス　顧客を大ファンに変える「アップルストア」の法則』日経ＢＰ社　２０１３年

ウォルター・アイザックソン、井口耕二訳『スティーブ・ジョブズI』（ペーパーバック版）講談社　２０１２年

トニー・シェイ、本荘修二監訳、豊田早苗訳『顧客が熱狂するネット靴店　ザッポス伝説　アマゾンを震撼させたサービスはいかに生まれたか』ダイヤモンド社　２０１０年

アダム・グラント、楠木建監訳『GIVE&TAKE「与える人」こそ成功する時代』三笠書房　２０１４年

ヤン・カールソン、堤猶二訳『真実の瞬間　ＳＡＳスカンジナビア航空のサービス戦略はなぜ成功したか』ダイヤモンド社　１９９０年

セス・ゴーディン、沢崎冬日訳『マーケティングは「嘘」を語れ！　顧客の心をつかむストーリーテリングの極意』ダイヤモンド社　２００６年

切りとり線

★読者のみなさまにお願い

この本をお読みになって、どんな感想をお持ちでしょうか。祥伝社のホームページから書評をお送りいただけたら、ありがたく存じます。今後の企画の参考にさせていただきます。また、次ページの原稿用紙を切り取り、左記まで郵送していただいても結構です。

お寄せいただいた書評は、ご了解のうえ新聞・雑誌などを通じて紹介させていただくこともあります。採用の場合は、特製図書カードを差しあげます。

なお、ご記入いただいたお名前、ご住所、ご連絡先等は、書評紹介の事前了解、謝礼のお届け以外の目的で利用することはありません。また、それらの情報を6カ月を越えて保管することもありません。

〒101-8701（お手紙は郵便番号だけで届きます）
祥伝社　新書編集部
電話03（3265）2310
祥伝社ブックレビュー　www.shodensha.co.jp/bookreview

★本書の購買動機（媒体名、あるいは○をつけてください）

＿＿＿＿新聞の広告を見て	＿＿＿＿誌の広告を見て	＿＿＿＿の書評を見て	＿＿＿＿の Web を見て	書店で見かけて	知人のすすめで

★100字書評……カルトブランディング

名前

住所

年齢

職業

田中森士　たなか・しんじ

株式会社クマベイス代表取締役CEO／コンテンツマーケティングコンサルタント／ライター。1985年熊本市生まれ。熊本市在住。熊本大学大学院で消費者行動を研究後、熊本県立水俣高校の常勤講師（地理・歴史)、産経新聞の記者を経て、2015年にコンテンツマーケティングのエージェンシー・株式会社クマベイスを創業した。セミナーやワークショップ、講演活動にも積極的に取り組む。Forbes JAPAN Web版、日経クロストレンド、Yahoo!ニュース個人などで執筆中。

カルトブランディング
——顧客《こきゃく》を熱狂《ねっきょう》させる技法《ぎほう》

田中森士《たなかしんじ》

2021年4月10日　初版第1刷発行
2024年6月25日　第2刷発行

発行者……………辻 浩明
発行所……………祥伝社しょうでんしゃ
〒101-8701　東京都千代田区神田神保町3-3
電話　03(3265)2081(販売部)
電話　03(3265)2310(編集部)
電話　03(3265)3622(業務部)
ホームページ　www.shodensha.co.jp

装丁者……………盛川和洋
印刷所……………萩原印刷
製本所……………ナショナル製本

Printed in Japan　ISBN978-4-396-11625-5　C0234